POEMAS AMAZÔNICOS

Editora Appris Ltda.
1.ª Edição - Copyright© 2023 do autor
Direitos de Edição Reservados à Editora Appris Ltda.

Nenhuma parte desta obra poderá ser utilizada indevidamente, sem estar de acordo com a Lei nº 9.610/98. Se incorreções forem encontradas, serão de exclusiva responsabilidade de seus organizadores. Foi realizado o Depósito Legal na Fundação Biblioteca Nacional, de acordo com as Leis nºs 10.994, de 14/12/2004, e 12.192, de 14/01/2010.

Catalogação na Fonte
Elaborado por: Josefina A. S. Guedes
Bibliotecária CRB 9/870

P228p 2023	Parente, Garibaldi Nicola Poemas amazônicos / Garibaldi Nicola Parente. - 1. ed. - Curitiba : Appris, 2023. 388 p. ; 21 cm
	ISBN 978-65-250-4348-7
	1. Poesia brasileira. 2. Amazônia. 3. Cultura. 4. Memória. I. Título.
	CDD – 869.3

Editora e Livraria Appris Ltda.
Av. Manoel Ribas, 2265 – Mercês
Curitiba/PR – CEP: 80810-002
Tel. (41) 3156 - 4731
www.editoraappris.com.br

Printed in Brazil
Impresso no Brasil

Garibaldi Nicola Parente

POEMAS AMAZÔNICOS

FICHA TÉCNICA

EDITORIAL	Augusto Vidal de Andrade Coelho
	Sara C. de Andrade Coelho
COMITÊ EDITORIAL	Marli Caetano
	Andréa Barbosa Gouveia (UFPR)
	Jacques de Lima Ferreira (UP)
	Marilda Aparecida Behrens (PUCPR)
	Ana El Achkar (UNIVERSO/RJ)
	Conrado Moreira Mendes (PUC-MG)
	Eliete Correia dos Santos (UEPB)
	Fabiano Santos (UERJ/IESP)
	Francinete Fernandes de Sousa (UEPB)
	Francisco Carlos Duarte (PUCPR)
	Francisco de Assis (Fiam-Faam, SP, Brasil)
	Juliana Reichert Assunção Tonelli (UEL)
	Maria Aparecida Barbosa (USP)
	Maria Helena Zamora (PUC-Rio)
	Maria Margarida de Andrade (Umack)
	Roque Ismael da Costa Güllich (UFFS)
	Toni Reis (UFPR)
	Valdomiro de Oliveira (UFPR)
	Valério Brusamolin (IFPR)
SUPERVISOR DA PRODUÇÃO	Renata Cristina Lopes Miccelli
PRODUÇÃO EDITORIAL	Jibril Keddeh
REVISÃO	Katine Walmrath
	José A. Ramos Junior
DIAGRAMAÇÃO	Renata C. L. Miccelli
CAPA	Lívia Costa
REVISÃO DE PROVA	Bianca Silva Semeguini

PREFÁCIO

Poemas amazônicos garibaldinos

Garibaldi Parente é professor e poeta de Abaetetuba, cidade ribeirinha debruçada no rio Tocantins, Pará. Sabe, portanto, pela teoria e prática, o que é a poesia e sua materialização em um poema. Compreende que o infinito da poesia está concentrado no conjunto finito de versos que é o poema. Distingue o efeito que cada técnica de linguagem deve provocar no leitor. Percebe que o poeta faz o poema para a outra, o outro que será o leitor, na recepção do poema. Sendo assim, a sua maneira de fazer consegue o equilíbrio entrelaçado entre forma e conteúdo, tornando essas duas dimensões a unidade do poema.

Seus poemas, neste livro, estão elaborados em diversidade técnica, fruto da experiência do poeta. Se encontramos recorrência ao estilo da poesia trovadoresca, também vamos encontrar recursos de valorização da palavra como objeto próprio da modalidade concretista; lemos, aqui, palavras usadas em seu sentido mais lírico e, acolá, no sentido sonorizado como leve ironia nos trocadilhos ou jogos silábicos; folheamos páginas de poemas reflexivos, para logo mais depararmos com leves divertimentos com costumes do cotidiano; a cultura abaetetubense vivenciada convive com a universal da história literária; ao lado de poemas locais, há poemas de abstração universal; compartilhando com inspiração na devoção à vida familiar, temos críticas às desarmonias e às dores provocadas em nosso tempo.

A poesia concretizada neste livro está nutrida por sensível romantismo contemporâneo. O poeta escreve por necessidade interior. A sua subjetividade adoça e a cachaça embriaga o sentimento como os canaviais de Abaetetuba. Não há recusa ao sentimento. É incorporado na expressão. Estou enfatizando esse ângulo porque se trata de uma poesia que tem preconceito com a expressão manifesta da emoção e, ao mesmo tempo, incorpora a objetividade incisiva da contemporaneidade literária.

Garibaldi Parente vem de uma família de migrantes italianos que encontraram em Abaetetuba o lugar onde se sentiram felizes para viver e plantar as suas raízes. Pelos avós e pais, veio a memória da cultura italiana, pela nostalgia confortadora dos migrantes por um passado vivido, incorporada pelo poeta como nostalgia de um passado não vivido, mas admirado! A convivência familiar e as leituras em família trouxeram reflexos de uma literatura clássica e o respeito entusiasmado pelas artes, que ecoam em alguns de seus versos. Isso não impediu o amor pregnante pela cultura vivida e incorporada pelo poeta. A cultura ribeirinha é o manguezal de sua intuição poética, constituindo-se na sua particularidade, tornando-se expressão distintiva de sua obra.

Percorrendo seus poemas em uma leitura mais atenta, percebe-se o gosto do autor em fazer jogo com as palavras. Essa é uma prática que se tornou importante contribuição do estruturalismo linguístico via Ferdinand Saussure, valorizando a palavra como objeto e também como cofre de palavras. Palavras que são formadas a partir de outras palavras. Palavras sob palavras. É uma estratégia que permite, também, um jogo de sentidos. De certa maneira, a transformação da palavra em fetiche alimentou o formalismo e uma incorporação da visualidade como outra dimensão do poema.

A poesia de Garibaldi Parente resulta de um impulso lírico que sintetiza a expressão simbólica do sentimento e da cultura. Pode-se perceber que converte em poemas a memória, a vida familiar, ressonâncias da cultura italiana de seus avós, os hábitos do lugar onde vive, a mitologia paraense amazônica, a condição ribeirinha abaetetubense, a consciência social, a busca de uma harmonia entre as pessoas, a condenação após preconceitos, o respeito pelo outro. Compartilha da ideia de que a poesia é fruto do entrelace entre sentimento e pensamento. Mas o sentimento que pensa. E essa é a maneira do pensar poético.

O interesse pela poesia de outras regiões culturais leva o poeta abaetetubense a cultivar o emblemático modelo poético do Japão: o *haikai*. Claro que o haikai, no Japão, tem uma rigorosa estrutura formal e sua recepção é mais conceitual. Uma poesia da reflexão produtora de conceito através do poético. Trata-se de um poema de três versos com rigorosa contagem de sílabas, acentos e estimulando a iluminação poética. Na cultura brasileira, há predominância do lirismo e a busca de expressão através de imagens, metáforas, alegorias. A trova, pequeno poema, com quatro versos e rima de preferência intercalada, ainda que se aproxime da brevidade do haikai, é de outra natureza. Porém o "estilo" trova termina por influenciar o haikaísmo de Garibaldi, impregnando-o com o sentido lírico da trova. São seus haikais garibaldinos.

"Os sonetos garibaldinos" revelam ao leitor mais atento três aspectos importantes da obra poética de Garibaldi: a prática de forma poética da história universal como o soneto; a sedução pela brevidade concentrada inspirada na trova própria da literatura de língua portuguesa; a busca de uma forma pessoal de expressão.

O soneto, que da literatura italiana passou à literatura do mundo ocidental, exige técnica rigorosa, quase como sendo modelo fixo na suja configuração verbal. Ainda que, como toda forma poética rígida, tenha havido tentativas de rompimento, nem sempre alcançando êxito. A maneira da trova, como percebo na quase totalidade poemática deste livro, está na concentração e forma estrófica, mas não na independência da trova tradicional, e sim em seu modelo. Isso confere leveza de leitura e alarga o interesse do leitor por toda a obra. No caso dos poemas garibaldinos, percebe-se o interesse do autor em incluir-se na revelação desse grupo de poemas, impregnando-se de sua individualidade e pessoal sentimento de mundo e com relações a pessoas, provocando uma relação afetiva entre o poeta Garibaldi e o leitor.

Poemas amazônicos é um livro de poemas bem construídos e totalmente impregnado da cultura que decorre da vivência ribeirinha abaetetubense do poeta. Mas não se circunscreve a uma recepção apenas local. Ele transcende e alcança a universalidade e perenidade temporal que todo escritor deseja.

João de Jesus Paes Loureiro

Poeta paraense e professor da Universidade Federal do Pará

SUMÁRIO

10 HAIKAI..19

14 BIS...21

20 POEMETOS GARIBALDINOS (1)..22

20 POEMETOS GARIBALDINOS (2)..26

20 POEMETOS GARIBALDINOS (3)..31

A BAILARINA..35

A BOTA..36

CAMINHOS...37

A CAMPONESA...38

A CARTA..40

A DANÇA DO CATERETÊ..42

A FÊMEA DO CUPIM..43

A GUERRA DA LAGOSTA...44

A IGREJA DOS GRILOS..46

A ILHA DO DEFUNTO..48

A PALAVRA MÁRCIO...50

A POESIA...51

PRAÇA DO RELÓGIO..53

A PRAÇA..54

A RODA DA FORTUNA..55

A SAGA DOS GARIBALDI...57

ABÓBADA..58

ABÓBORA..59

ABSTRAÇÃO..60

AÇÃO DA FLOR...61

ACROBATA..62

ADENARÉ..63

ADEZABELHA..64

AFUÁ..65

ÁGUA-MARIA..66

AJURICABA...67

ALBATROZ (1) 68
ALBATROZ (2) 69
ALCACER QUIBIR 70
ALCANDOR 71
ALCATRAZ 72
ALCIMAR 73
ALDRABA (1) 74
ALDRABA (2) 75
ALDRABA (3) 77
ALECRIM DE NATAL 78
ALEIVOSIA 79
ALÉM DO ALÉM 81
ALÉM 82
ALFAIATE 83
ALGAZARRA 85
ALIMÁRIA 86
ALMOÇO 87
ALTAR 88
ALVORADA 89
AMANAYABA 90
AMANHECER 91
AMOR DE LUA 92
AMORÉ 93
AMOR-E-FLOR 94
ANASTÁCIO 95
ANATOMIA 96
ANCESTRAL 97
ANDALUZIA 98
ANDARILHO 99
ANDOR 101
ANFITEATRO 102
ANIVERSÁRIO 103
ANTESE 104
O MUNDO POÉTICO 105
AO PÉ DA LETRA 106

AO PROFESSOR 108
APOLÔNIO 109
APORIA 110
APUÍ 111
AQUARELA 113
ARA DO AR 115
ARAMAÇÁ 116
ARAPONGA 119
ARBORAL 120
ARIRAMBA 121
ARMARINHO 122
ARRIBAÇÃO 124
ARS 126
ARTEMÍSIA 127
ARTE-POEMA 128
AS CARAVELAS 130
AS FORMIGAS 131
AS TRÊS MARIAS 133
AS VISAGENS DE BEJA 135
ASA DE AIA 139
ASA-DELTA 140
ASA PENA E BICO 141
ASSALTO (1) 142
ASSALTO (2) 143
ATLETA 144
ATMOSFERA 145
GRÃO DE AREIA 146
ATÔMICO 147
AULA DE ITALIANO 148
AURORA (1) 149
AURORA (2) 150
AUTO-RIOGRAFIA 151
AVATAR 153
AVE-AVE 154
AVIÃO 155

BADULAQUE 156

BALACOBACO (1) 157

BALACOBACO (2) 159

BALÃO DE GÁS 161

BAMBOCHATA 162

BANANEIRA 163

BANDALHEIRA 164

BARAFUNDA 166

BARCO-NAVE 168

BATALHA 169

BECA 170

BEIJINHOS DE PORTUGAL 171

BELÉM DO PARÁ DO BRASIL 172

BELÉM DO PARÁ 173

BELÉM-CIDADE VELHA 174

BELO RIO 177

BENDENGÓ 178

BENEVENUTE 179

BERÇO DO VERSEIRO 180

BERI-BERI 183

BIOGRAFIA 185

BLANDÍCIA 186

BLECAUTE 187

BOA VIAGEM 188

BOLANDEIRA 190

BOQUIRROTOS 191

RUI BARBOSA 192

BORBOLETA 194

BORDOADA 195

BORIS PASTERNAK 197

BOSÃO 200

BOULEVERSAR 201

BRINCADEIRA (1) 202

BRINCADEIRA (2) 203

BUCÓLICO 204

BUQUÊ 206
BUQUÊS DE FLORES 207
CABIDELA 209
CABORÉ 211
CACARACÁ 212
CACARECO 213
CAÇOADA 214
CAÇUNUNGUAÇU 216
CAÇUNUNGUÇU 217
CAFÉ DA ARCADA 218
CAFÉ DA MANHÃ 220
CAIÇARA 221
CALÈCHE 222
CAMA DE GATO 223
CAMAPU 226
CAMBALACHO 228
CAMINHEIRO 230
CAMINHO 231
CAMUECA 232
CANÇÃO DA ARARAJUBA 233
CANCIONEIRO 235
CANETA-TINTA 236
CANOA DE ABAETÉ 237
CANTANTE 239
CÂNTARO 240
CANTIGA 241
CANTO 242
CANTORIA 243
CAQUIADO 244
CAQUEADO 245
CARAMBA 246
CARAMINGUÁ 247
CARAPETÃO 248
CARATAÍ 250
CARAVANÇARÁ 251

PIRACEMA 252
CARRETILHA DO BRUXEDO 253
CARRETILHA DO FEITIÇO 254
CARRETILHA DO CAVALO-MARINHO 255
CASA DE FARINHA (1) 256
CASA DE FARINHA (2) 257
CASA DE ORATES 258
CASACA DE COURO 259
CASCATA 262
CASINHA ANIMADA 263
CATEDRAL 264
CATIRIPAPO 265
CAVALHEIRO 266
CAVERNA 268
CAXIRIPAPO 269
CAYEIRA 270
CELESTIAL 271
CENOURA 272
CÉTICO 274
CHAPÉU 275
CHEIRA-PAU 276
CHICOTE 277
CHICOTINHO QUEIMADO 278
CIBERNÉTICO 280
CINE NATAN 281
CINEMÁTICO 282
CIPONÁRIO 283
CÍRIO 284
CLARABOIA 285
CLUBE DO REMO 286
COGUMELO 288
COISA DA MOCINHA SOPHIE 289
COISA NOVA 290
COISA (1) 291
COISA (2) 294

CON TE PARTIRÒ...295
CONTO-DO-VIGÁRIO...296
CONTRITO...298
CONVERSA AFIADA..299
CONVERSA LITERÁRIA...301
CORAÇÃO..302
CORALMAR...303
CORNAMUSA..304
CORPORE SANO..305
CORRÓ-CORRÓ...307
COSER E COZER..308
COTOVIA...309
CRISTALEIRA..310
CUCURBITAR..311
CUCURUCU...312
CUIDAR...313
CUMPARSITAS...314
CUNHÃS..315
CUPINZADA..317
CURRO-PACO-PAPACO...318
CUTITIRIBÁ...319
CUZECUMUNAR...320
DANÚBIO AZUL..321
DÉCIMA...322
DENTE DE LEITE..323
DESASSOSSEGO..324
DESDE O OLHO D'ÁGUA...326
DEU NA VENETA..327
DIA DA POESIA..328
DIA DO POETA...329
DIA DOS POETAS...330
DIABO A QUATRO..331
DIATRIBE..332
DINAMENE..333
DINHEIRO EM PENCA...334

DISPERSÃO (1) ... 335
DISPERSÃO (2) ... 337
DITO POR DITO ... 338
DIZEM QUE... ... 339
DO POEMA NADA ME RESTA ... 340
DONA SILOCA ... 341
DRAMA ... 344
DUAS VIAS ... 345
ELE-EU ... 346
ELEGIA ... 347
EMBIARA ... 348
EMBOLADO ... 349
EMBUANÇA ... 350
EME OU ENE ... 351
ENECOEMA ... 352
ENGALANADO ... 353
ENGASGA-GATO (1) ... 354
ENGASGA-GATO (2) ... 355
ENTRETECER ... 356
SONETINHO DO ENFRESCAR ... 358
ESCALAFOBÉTICO ... 359
ESCOMBROS ... 361
ESCREVE! ... 363
ESCREVER ... 364
ESCURIDÃO ... 365
ESPAÇONAVE ... 366
ESPANTA-COIÓ ... 367
ESPANTALHO ... 368
ESPELHO ... 369
ESPERANÇA ... 370
ESPINHO ... 371
ESPÍRITO DE PORCO ... 372
ESPÍRITO SANTO DE ORELHA ... 374
ESSE VENTO QUE VEM NO VENTO ... 376
ESTELAR ... 377

ESTELIONATO...378
ESTILOSO...379
ESTRELA AZUL..380
ESTRELA DA MANHÃ...381
ESTRELA SPICA...382
ESTRELADO...383
ESTROGONOFE...385
ETA CARINA..387

10 HAIKAI

Bem fina e comprida
A língua do camaleão
Se vira em serpente.
*

O pássaro canta
Próprio em ser natural
O pássaro pia.
*

Cai água da chuva
As flores atam sorrisos
À nuvem que vem.
*

Uma taça de vinho
Espera ser bem saudada
Salve a Bacarada!
*

Flores da manhã
Vibram ao nascer do sol
Livre a virgindade.
*

Cai manguinha cai
Cai assim tão impoluta
Já vem a bicharada.
*

Pisca-pisca a luz
Namorica o vaga-lume

Vago acende apaga.
*

Hokaido e Kioto
São cidades transcendentes
Sóis do Japão.
*

Vejo no meu rio
A paz do Maratauíra
Remando ao remanso.
*

Aurora do sol
Que rompe o dia bem versado
Nada sabe ao fim

14 BIS

Quatorze vezes sonhei
sonho de pássaro amante.
Quatorze vezes eu fiz
quatorze vezes quatorze
tantas vezes aprendiz.
Penando asas para voar
não cansei de repetir
até alcançar o céu.
Meter-me em nuvens:
teu véu.
Descobri o teu segredo
de como me aparelhar.
Depois de tantos croquis
engendrei asas para voar
como as do 14 BIS.

20 POEMETOS GARIBALDINOS (1)

A sombra não me assombra em véu
na galáxia do coração.
Aqui jaz um poeta
que soube em vida
viver a eternidade
na imortal comunhão.
***
Rima pobre rima rica
não há pobreza na cica.
Sonoro silêncio do mar
sonho augusto do que fica.
***
Paralelas sentinelas
em jogos não simulados.
O vento impulsa as velas
sonhos de amor bem versados.
***
Faço um poema atento ao leitor
no vento deixo o que não escrevi.
Em cada nota um novo fervor
o cio não termina. É sem fim.
***
A crônica é crônica
nasceu para viver.
Além do além muito mais
sobe ao céu sem morrer.
O que foi rés ao chão

vive entre nós e as estrelas.
Presente de rei
presente do coração.
***

Todo dia o sol
se renova em cada aurora.
Vai e volta pertinaz
vive a luz da sua história.
***

Lágrima é água
com o sal do mar.
Não chores, meu bem!
Vamos navegar.
***

Oceano Atlântico
do Atlas romântico
nas velas do Cabral.
Um Novo Mundo
mimo quântico
nas ondas do gazal.
***

Zem
Ohaió Gozaimasu
sei bem o que faço.
No meu Sakurá
o Sol Nascente.
***

O tudo que é o nada
o nada que é o tudo.

Por dizer não fico mudo
entre Aurora e Alvorada.
***
Na minha mão há um traço
caminhos da ilusão.
Por onde anda a razão
de uma flor no espaço.
***
Meu coração é um rei
do mais vasto Império.
Do Cupido não sei
no Saara o mistério.
***
Anata wa kirei desu
desejo de ser.
Você é linda
de sutil viver.
***
Aprendi a falar Japonês
do Nihon Japão:
Boku wa kimitó ai shitai desu.
Fazer amor contigo
Sem o Harakiri no coração.
***
O vice não versa
vice-e-versa.
Vai conversa
conversa vem.
Mamar amar
no ramo do açafrem.

***

Início meio e fim
verso a verso.
Start de partida
rota do universo.

***

Piazza e plaza
prazer na praça.
Olhar o céu azul
parece sem graça.

***

Minha Madonna
gosto de Milão.
Vou a Firenze
ver Pigmalião.

***

Fiz-me estátua
eu dentro de mim.
Para ouvir o sabiá cantar
perto do meu manequim.

20 POEMETOS GARIBALDINOS (2)

O céu é mágico
magic sky.
Antropofágico
vai-não-vai fly.
*
Cose arma
cose fogo
cose cose
arma o jogo.
*
Peixe fato
peixe santo.
Peixe peixe
fato e tato.
*
Diz a lenda
que a fenda
tem língua.
Agenda
de renda
moringa.
*
A sereia
assobia
no escabeche.
Sem destino

o peixinho
mexe-mexe.
*

Sol e vinho
é excelso
o caminho.
No tonel
o donzelo
põe farnel.
*

Tanto tanto tanto
curto trampolim.
Acalanto
falar Mandarim
e Esperanto.
*

A treva em cena
é marginal.
Acena no escuro
na entrelinha
sobrecelestial.
*

Pus uma estrela
na mão.
Ela disse-me:
— Assim não posso ficar!
Então a pendurei num fio.
Ela se pôs a brilhar.
*

Alas e asas.
Alar e voar.
Asa com azo
dá azo.
Azo com asa
dá asa:
Azo do azar.
*
"O mar sem fim é Português."
Mar da memória
indelével História.
Caravela do amanhã
de luz e lucidez.
*
Café no bule
arábico sabor.
Sumo telúrico
cálido vapor.
*
Maré de lanço
de lancear.
Voluto avanço
pescanço do amar.
*
Alma que morreu
de infinita ilusão.
Veste preto vê branco
Veste branco vê preto.
Hum!

Cacareja a saracura
corisca a razão.
*
Anabela Anabela
pesco de espinhel
a seiva da piraíba
na canoa à vela.
*
Canto cuíra
nas corredeiras
da piracema.
Seiva de alfazema.
Vibrações e ufania
de bendita agonia.
*
Maré de lua
lanço do luar.
O rio na rua
a lua a sonhar.
*
Arroz é Oriza
Phaseolus é feijão.
Manjericão satiriza
o condão de cordão.
*
Ara o ar Guajarino
ondazinhas de magia.
Mira o canhão do Forte
a Belém da nostalgia.

*

A nuvem
quando urge
chove.
A nuvem
quando lude
trova.

20 POEMETOS GARIBALDINOS (3)

Pirilampo acende a luz
sai a noite do piri.
Lampe lampe sem capuz
à procura de titi.
*
Na clara luz do bom dia
o sol levante Ohaió
gozaimasu de alegria
já dormiu o noitibó.
*
Handkerchief
hand a mão.
Kerchief a um pedaço de pano.
Então
pano de mão
pelo que penso
é lenço.
*
Cuidado! FRÁGIL.
Na caixa a taça
uma a uma com graça
pro nosso vinho.
Consagra o sufrágio
no cimo o ninho.
*
A pompa pia na pomba
valsa

em mim alça
versos em vão não querem ser.
O Deus do Vento venteja
na proa do navio.
Vida ou morte: Viver.
*

Se a maré enche ou vaza
Que outro mal nos maldirá?
Ficou o torto do arremedo
na boca do aramaçá.
*

A lua no Olimpo
a luz na messe
da virgem madrugada.
O sol no garimpo
o som na prece
auréola dourada.
*

Fingir
eis a razão.
Sentir
o punhal no coração.
*

O poeta
vive a criação.
Depois o mundo é outro...
*

A lua de aluá
de São Pedro
à São Marçal.

*
Fantasma em perigo:
De cálculo ilustre
o arquiteto no ar.
*
Palpita minha íris
na sombra do vento.
*
No lance de ser
a flor de lanceta.
*
Na senzala
já morei.
Fui escrava
sem saber.

Fui escrava
sem saber.
Trabalhava
pra comer.
*
Sou menino
de beicinho
como doce.
Sou menino
passarinho
a la gauche.
*
Teu corpo gramatical
é da terra é do céu:

Na terra do amor carnal
carne letrada sem véu.
*

Mapinguari não come ingá
parece com dele o rabo.
Foge do carapirá
se livra do menoscabo.
*

No vento da pororoca
corre fora a Cobra Grande.
A onda arma corocoroca
corre longe dessa pândega.
*

Plim plim fog fog
só vai quem pode
ao pop-up
do Cowboy bulldog.
Caramba de carambolim
te liga no afim!

A BAILARINA

Na Paz do Teatro
o Teatro da Paz
imponente.
Monumento ao movimento
o fado no palco:
Luzes!
Música!
Ligeira entra a menina bailarina
em passos e gestos neoclássicos.
E em régias ressonâncias
a plateia aplaude
a menina bailarina
Ádria Garibaldi.
Radiante romance de suave leveza
a vida toda por amor à Natureza
em um buquê de flores da Azaleia.
E a plateia aplaude
a menina bailarina
Ádria Garibaldi.

A BOTA

A bota andava o jardim
Cuidando as galantes flores
Manejando mil amores
Adubando a seiva enfim.

Enfim recriando podas
Enfim manejando sumos
Enfim martilhando soldas
Enfim planejando aprumos.

Enfim mais do que enfim
A bota se autoenxertia.
Desabrocha a fantasia
A bota e o excelso jardim.

CAMINHOS

A caminho do estio
A caminho do ar
A caminho do rio
A caminho do mar.

Não existe um final
o nada não tem fim.
O tudo é liberal
Na dança do Arlequim.

Passa passa a palavra
Outro tempo virá,
O vento faz a lavra
Anda a sarassará.

Nos caminhos dos rios
O rio a terra o mar.
Nos confins luzidios
O poema a navegar.

Palavra que navega
Vai de eira vai de beira
Légua à légua sem trégua
Nunca será derradeira.

A CAMPONESA

A moça do leite
bela camponesa.
La latiére
de fina fineza.

Vende o leite bom
vindo do coração.
Um balde na cabeça
outro balde na mão.

Do leite Moça
a moça do leite
guarda na bolsa
o meu aceite.

Fico muito feliz
no mundo energia.
A moça bem diz:
— É leite que cria.

Leite do ninho
do passarinho o sabiá.
Ninho de leite
do sublime cantar.

Desde criança
sempre a namorei.

O leite da moça
é presente de rei.

Estou condensado
em verdade e prazer.
À moça do leite
sou eterno bebê.

Moça do leite
deleite e sabor.
Sou sempre teu
doce doce amor.

A CARTA

Enviei pelo oceano
uma carta e um sorriso.
Ó bendito devaneio!
Vista alegre o paraíso.

É sagrado o grande mar
bem pequena a minha arca.
Lá viaja a minha carta
de sublime luminar.

Já nasceu a luz da aurora
no meu reino luminoso.
A cantar ave canora
em folgar tão bem fogoso.

Ledo enredo articulado
no sorriso do meu lenço.
No oceano segue a barca
ondulante de bom senso.

Não navega sem segredo
a distância não oprime.
No meu viso não há medo
que de mim me desanime.

Arfa o símbolo da ceia
e do ninho lança fogo.

O secreto não permeia
na constância de tal jogo.

Vaticínio de amuleto
no folheto sem domínio.
Fica o medo nesse espeto
não na carta sem destino.

A DANÇA DO CATERETÊ

N'alma roceira do cateretê
No lado do lado
Recôncavo do amor lendário
O fado no fado.

Marca do pensamento popular
A mente na mente
Lavra simbólica a imaginação
A lente na lente.

De cenário vibrante imaginoso
Casulo em casulo
Áurea história da social riqueza
De orgulho em orgulho.

No pórtico do sol a passarada
Luz no luziluz
Assim o começo do mundo novo
Logus no logus.

A FÊMEA DO CUPIM

Há de ser fêmea no mundo
vive o macho de parelha.
No sideral mais profundo
a estrela nela se espelha.

O amigo Eládio Lobato
lá do Miri-Igarapé.
Folgou-me o conto em livro
deste inseto salalé.

Rio de canoa pequena
deu rumo ao Maiauatá.
Siriri voou na luz
luzeiro do sarará.

O rei e a rainha alados
rompem o céu da aleluia.
Acasala a revoada
contra rebate a cucuia.

Novo ninho pela vida
cupinzeiro de alvará.
Vive o mundo de acolhida
gesta a fêmea ARARÁ.

A GUERRA DA LAGOSTA

A Marinha do Brasil
Na costa-mar brasileira
De modo extremo e viril
Pegou uma barca pesqueira.

De bandeirada francesa
Sem a devida licença.
Temos razão com certeza
O fato gerou desavença.

O general Charles de Gaulle
Ficou fulo desta vida
Tomou um gole de pinga
Declarou guerra e controle.

Foi pra guerra nossa Esquadra
Que brava a nossa reação.
Matar ou morrer! Força Armada
No canhão o coração.

O Brasil todo clamava:
— Brasil! A lagosta é nossa!!
— A lagosta ou a morte!!
Nossa gente é mesmo brava.

E veio a diplomacia
Conselho de Segurança

Aplicar a terapia
Acabar com a lambança.

Em tese disse o francês
Que nossa lagosta é peixe
Quando pula no tremês
Bem que nada de bandeja.

E o povo trata a razão:
— Ó gente! A lagosta é peixe?
Velhos marinheiros: — Não!!
O relâmpago troveja.

O brasileiro retruca
Com máxima razão:
— O canguru quando pula
Seria então gavião??

Aplicamos boa lição
Nós temos arte que ferra.
Na fortaleza o frontão
Acabamos com a guerra.

A IGREJA DOS GRILOS

Os grilos grilados
da Igreja dos Grilos.
Os grilos descalços
em vários estilos.

O trilo maneiro
da Igreja dos Grilos.
Dos grilos descalços
de muitos pupilos.

O sibilo barroco
da Igreja dos Grilos.
Dos grilos descalços
de somar bisbilhos.

O estrilo neoclássico
da Igreja dos Grilos.
Dos grilos descalços
de mil estribilhos.

O arilo o garrilho
da Igreja dos Grilos.
Dos grilos descalços
céu de afogadilhos.

A Igreja dos Grilados
dos pipilos dos grilos.

Dos grilos descalços
cadilho de sigilos.

Sumiram os Grilos
pela fita do perilo.
Na finta o pecadilho
ficaram só os grilos.

A ILHA DO DEFUNTO

...E na Ilha do Defunto
as ossadas vivem bem.
Em paz depois da guerra
dos Cabanos morte-além.

Cantarola a Sapopema
sem o temor de cantar.
Vigia o Tajá-Panema
para ninguém se acordar.

E semeia a Samaúma
nessa vaga eternidade.
E lança pluma após pluma
imagina dignidade.

E na ilharga o Poraqué
vigilante lança choque.
Cresce o Aturiapompé
o Candiru de berloque.

E na Foz do Tocantins
Saracura acende o sol.
A Garça faz a ginástica
numa perna sororó.

Sôfrego de ardente encanto
respira e suspira o boto.

Querer porque quer amar
— Vem aqui, boto maroto!

Tenho medo de visagem
não quero desencantar.
Deixo na tua miragem
meu jeito de fascinar.

Vem muita gente animada:
Cobra-Grande da Pacoca
Cobra-Grande do Jatuíra
vem a Mãe da Pororoca.

Vem gente de toda parte
Miri Abaeté Cametá.
A Bandeira no estandarte
o vigor no samburá.

A história alça a memória
unidas num só ideal.
Exemplo de alva vitória
de impulso fraternal.

A PALAVRA MÁRCIO

Cavaleiro de brasão
Vela de elegante enredo.
Excelso herói de afeição
Na mente o culto sem medo.

As armas armam cantigas
Do saudoso amor vitória.
De viver bem sem intrigas
Por ardor à trajetória.

Márcio marcial guerreiro
Sem chusma nem estupor.
Em prosa da gema arteiro
Tocha de fogo prosador.

Sem sombras e sem lamúrias
Na aljava a seta não fere.
Bens de viço sem luxúrias
A vida é um belvedere.

Ébano madeira nobre
Pau-preto que sempre dura.
Fruto dos deuses redobre
No coração a ternura.

A POESIA

A poesia não se escreve.
Ela se lança evanescente
D'alma do poema liberta-se
Nos ares visares em cada mente.

O real da realidade nada cria no poema
O poema é matéria na forma da forma.
A poesia é a não matéria solta no ar
Por isso não se escreve poesia.

Por isso o poema poético é multicor
Multímodo multíplice multívolo
Nas andas dos andares mais além
Informe em qualquer razão textual.

A poesia é volátil em volume de vogar
Na volúpia do voar volúvel
Em qualquer texto seja na prosa
No épico ou no diálogo teatral.

O texto poético arvora-se árvore
Nasce no sementar das sementes
Cresce no enramar dos ramos
Folha no enfolhar das folhas
Floresce no florar das flores
Frutifica no frutar dos frutos.

Por isso a poesia não se escreve
Na lida do texto poético
A poesia é semente ramo folha
Flor fruto de uma árvore imaginária.
Nascida na semente da palavra
Plantada no segredo da linguagem.

PRAÇA DO RELÓGIO

Benson from London
o relógio da praça
marca a hora toda hora
de ver o Vero-o-Peso.

E veio o Conde dos Arcos
veio direto de Lisboa
aterrar o Piri defluente
do igarapé do Peixe-boi.

A PRAÇA

Há na praça
o amor
em rosto antigo
novidado pela vida
de que amar nunca é demais.

Mudaram-se as flores
os bancos
os costumes
veio a moda:
a minissaia
saltos altos
a maquiagem make up...

E veio um lago de chafariz
com fogos de artifício
uma passarela o traspassa.
E veio um coreto
nele a Banda Carlos Gomes
tocava THE BEATLES.

Na passarela
o tempo atravessa o tempo
vai e volta lado a lado
a embalar na cidade
a saudade da minha vida.

A RODA DA FORTUNA

E roda a roda do engenho...
Nas engrenagens do mundo
Em cada dente um segredo
Em sonhos de buscar fundo
Cada qual tem um enredo.

Quem planta bem colhe bem
E roda a roda do engenho...
Em cada roda um destino
Se bem deseja no empenho
Tanto amor agarradinho.

Sempre é tempo de pensar
Refletir conforme o vento.
E roda a roda do engenho...
Na rotina sem criar
Não se vive sem invento.

O mundo quer energia
Nada vale esperar sorte
Vale tecer com mestria
E roda a roda do engenho...
Em sinergia a casa-forte.

Dinheiro não é fortuna
O apogeu entra em declínio
O mar leva numa escuna.

O saber sim: Vitelino
E roda a roda do engenho...
A SABENDAS

A sabendas
deve haver um lufa-lufa
de azafamada ventania.

Mas está tudo a furta-passo
em magnificente equilíbrio.

A ouro e fio
ordem à risca.
O ouro vale
vale o fio.
O fio da nossa história
o fio das armas.
Nos armamos no valor
de um fio de ouro.

A SAGA DOS GARIBALDI

Nicola Maria Parente e Carolina Rottundo
Meus bisavós.
Garibaldi Parente e Marcela Calliari
Meus avós.
Nicola Garibaldi Parente e Italia Calliari
Meus pais.
Garibaldi Nicola Parente e Senita Loureiro
Eu e esposa.
Andrela Garibaldi Loureiro Parente e Renato Guerra
Minha filha e esposo
Ádria Garibaldi Parente Guerra
Minha netinha.

— Ádria! Como é o nome do teu cachorrinho?
— Vô, é Tobby Garibaldi.

ABÓBADA

Vou fazer uma manobra
na marola do zunzum
pra embolar o runrunrum.
O rotundo mais se enrola
baticum que se rebola
no carola desjejum
rola a bola no cartum.
Põe a gola na viola
da abóbora e jurumum.

ABÓBORA

Mas! Que palavra redonda!!
Cucurbita em mim que eu gosto
assim rotunda.
Apopora em nós a Aurora
bola balão
fosfora na amplidão.
Agora gongora e abola
rola na calota do chão.

Oblongo globo globoso
rebola o ovo do mundo
na abóboda.
Parábola abolada
pelota oblonga e boleada
no abocado bolbo
do olho do boi gordo.
Apopora a abóbora.

ABSTRAÇÃO

Meu olhar
É abstrato.
Um olhar
Sem o fato.
Só te vejo
Sem fado.

Meu olhar cria asa
Vê nuvens no céu
Falta-lhe argamassa
Há penugens no vergel.

Meu olhar é abstrato
Não sou como o beija-flor.
Não tenho o leve trato
De pairar sobre a flor.

Abstrato no infinito
Urge meu ser. Corpo não fulge
Conscrito e indefinido.
Urge. Não urge. Urge.

Abstrato meu olhar:
Se te vejo não vejo.
Entre as nuances do sonhar
Beijo. Não beijo. Beijo.

AÇÃO DA FLOR

Tapete purpúreo no chão
amparo dele mesmo
o jambeiro florindo
restos da sedução.
Agora a flor-mãe
umedecida
irmanada
concentra o esplendor.
O sêmem semiótico
nos lábios na saliva
e nas veias.
Regalado mise-en-scène
do vermelho semi-estrelado
em cada fruto o futuro
abrigo magno da vida
nos vagos-vácuos
da virgindade manifesta.

ACROBATA

Movimento
acro-arco
em músculos de arquiteto.
Encorpado titam
nas vidraças de luz
para ensinar ao tempo
a razão do não-em-vão.
Elástica tenção
no tecido aéreo.
O trapézio balança alto
com hálito luminar.
Atiço a fotografia
na lente carnal do romance
equilibrista.
Nas alturas do voo-aventura
os perfis sem limites.

ADENARÉ

Para Adenaldo dos Santos Cardoso.

Amar a Deusa mais bela
de enfeites bem enfeitada
de nobreza aventurada
docemente em si desvela.

Sempre presente em vigor
luz amorosa da paz.
Entusiasta do amor
de personal ser tenaz.

O Senhor vivo do rio
nata essência da sua musa
que se derrama profusa...
Enaré pulsa de brio.

Adendo que a si adjunta
virtude e sabedoria.
Ligado unido juntado
à Deusa da fantasia.

ADEZABELHA

Há de fugir da doçura
adeza está lá distante.
Mesmo que tudo dezabe
em dez tempos de razante.

Voada para Adezabeba
nova flor do Zabelê.
Abrezaba no horizonte
e balança o zererê.

Zabel é coringa bela
sagaz capaz azabelha.
Brinca como cinderela
se veste sem dezmazelo.

A rainha longe partiu
foi montar novo reinado.
Abe bela elha dezabe
o ninho adezabelhado.

AFUÁ

Parte da vida é vivágua
de fascinante feição.
Vaza-mar no igarapé
enche a foz do coração.

Encanto dos encantados
sopro de boto no aicá.
Namorão juramentado
suspira afuá afuá...

Nas casas da beira-mar
lá floresce o arco-íris.
Cobra-Grande feminina
entra no cio em delírios.

Não não serve o cipó-d'alho
esse amor arde no peito.
Amar quer mais agasalho
nágua do rio tem o leito.

E o boto brinca em roldão
fiu fiu fiu vem tu fiar.
Atiçado o coração:
Afuá afuá afuá...

ÁGUA-MARIA

Agadois-ÓH!
Na raça passa a Maria.
Água-rio
Água-mar.
Romances de nuvens
romarias do amar.
Fitas de passamanaria
galões e cordões
de envergadura celeste.

Mariamari-AH!
O horizonte sem findar.
Água doce-rio
alegre amavio
nas tonas d'água-mar.
A barca no vento marítimo
balança no corpo das ondas
velas enfunadas pandas
em vultoso frenesi.
Delirante navegar
numa canoinha de miriti.

AJURICABA

Uiva o canhão contra a flecha
E zune a zarabatana
Luta sangrenta reflexa
Vaivém no ataque e retranca.

Luta feroz ao verdugo
Contra a pecha escravidão.
Guerreiro não é sabugo
Vida não é possessão.

Surge na grande colmeia
O destemido cacique.
Amanajé amanajé!!
A batalha repenica.

Não se entrega Ajuricaba
A batalha foi inglória.
Ferrado pelo emboaba:
— Na morte trago a vitória!!

ALBATROZ (1)

Ave voz
voa o albatroz
no lendário azul.
Amplexo
circunflexo
de norte a sul.

O céu é pequeno
o horizonte distante.
A saga do verbo errante
tem asas potentes
autônomas na envergadura
sobre o mar sapientes.

Boa viagem!
Marinheiros oceânicos.
Alto-mar
singrar entre as ondas
com espírito vencedor.
No mar aéreo voa o albratroz
singra na constelação do amor.

Navegar é triunfante
sobre-alto ao vento furibundo
sobre-rés o mal da cerração
da terra deste estranho mundo
parvo mundo em extinção.

ALBATROZ (2)

Ave alba
nave da beira do mar.
Asas oceânicas
Constelation do ar.
Floating and flying
Airbus... Boeing vale avis.

Mergulhador
pesca o peixe do viver.
Lança do mar
viagem constelar
estrela branca do saber.

Sob os olhos de Netuno
tem a sorte de Afrodite
de Eros a boa psique
a sabedoria do tribuno.

Avis on avião
no seu bojo a liberdade.
Infinito o coração
criador da eternidade.

ALCACER QUIBIR

Almejo conhecer-te Alcacer
o Grande Castelo Quibir.
Onde sumiu o Dom do Reino
por novo destino o porvir.

Porto Cale vive a esperança
no imorredouro da saudade.
Bem-vinda já nasce a criança
tempo-morte não tem idade.

E tilinta a espada nos ares
encoberto pendor da herdade.
Navegantes nos tecem mares
do Rei ficou a Majestade.

Polo mítico do destino
impoluto e fortificado.
Vive o corpo do Paladino
brado insepulto e luminado.

ALCANDOR

O que é galardão? — Não sei!
Na alcandorada ventura
Honraria aqui Del Rei
Galardoado teitei
Alma e palma de ternura
Distinto versar em fama
Aura e cartaz de mercê
Renome comenda grei
Em graças bonança e flama
Recompensa balancê.
— Eu não sou Urubu-Rei.

ALCATRAZ

Não passarei não passarás
mesmo que a morte seja o nada.
A terra ufana de Alcatraz
cela mais cela em revoada.

Tudo posso ver com meus olhos
sem a rasa noção de mistério.
O ser vaga n'alma dos abrolhos
destino insano dos vitupérios.

O futuro do mar obscuro
no mar ondeante desta vida.
Sobrado augusto ser em apuro
sombra sem chama nada vibra.

ALCIMAR

Encanto plangente
alento divino.
No poder da mente
o mar do destino.

O mar se acalma
à lira da criação.
Sopros de saudade
no voo da canção.

Ave ave ninho
no rochedo do mar.
O seio é marinho
a lenda Alcimar.

ALDRABA (1)

A palavra chave
Abre qualquer clave.
A palavra vento
Abre qualquer tempo.

O real é verossímil
Semelhante à verdade.
Nada de ouro ou prata
Rara é a raridade.

A palavra vem da rua
De uma rua qualquer.
Desata-se nua
Sem cátedra alter.

O tempo tem o cuidado
No verbo verso-a-verso.
O vento passa velado
Expresso do universo.

ALDRABA (2)

O cuidado me é agônico
Aflição efervescente
No que comporta viver.
Bato no pica-porta nem visagem atende.
Aldraba cara-de-leão assusta-me
Bate-bate o coração...
Eu sei bem que sei amar
Com sangue oxigenado.
Lentamente a porta se abre de modo arterial.
Entro. Passos lentos. Abro a porta principal.
Afasto o guarda-porta
Que guarda-o-vento do tempo.
Olho ao redor de esguelha
Sem sentido
Sem centelha.
Não vejo bandeira
Nem nuvens de poesia
Apenas alusões.
Meu sistema imunocirculatório
Parece uma cortina balouçante.
Que tempo mal assombrado!!

Lá fora ouço um barulho ensurdecedor
É uma manifestação popular
Contra o Lockdown.

Estou de mãos-mortas
O único remédio é ficar atrás da porta
Lá se foi minha aorta.

ALDRABA (3)

Bato à porta antiga:
"Alvédrio
de vidro
sinédrio.
Alarido
provérbio
vencido."

Forma fixa!
Trililim trililim
estilhaços.

ALECRIM DE NATAL

Tem cheiro de tudo
Cheiro de senzala.
Tem cheiro que é mudo
Tem cheiro que fala.

O rosmarino do mar
Tem forte aroma de orvalho.
De atlântico oceanar
Acende a luz do acendalho.

Fulge no cheiro cendal
Na alegria do caminhar.
Nos passos do galalau
Compor na flor adoçar.

Alecrim é de Natal
Gente que é gente da gente.
No cheiroso armorial
De sabor celipotente.

ALEIVOSIA

Lanças de vento
tempos de aromas
canta o rio
na mão do mundo
tecendo o silêncio
na sombra secreta
de uma flor que acena
aos meus olhos de sonhos.

Percebo no infinito
o céu metamorfoseando cores
no mar pássaros genealógicos
repousam nos picos das ondas.
A vida repartida em fases estanques
e os almanaques com ramos de lua
semeiam a terra com a fumaça
estapafúrdia do fogo selvagem.

Nossa bandeira tremula oprimida
tingida pelo vapor malacafento
de homens ferruginosos
vermelhos azuis amarelos...
cambiantes com as máculas de esgoto.
Coriscos apátridas riscam o céu do saber
para manobras no véu da ignorância.
Importa manter a dignidade no fundo poço.

Hasta pública do voto
leilão da almoeda
e toda gente no almofariz.

ALÉM DO ALÉM

Sentido senso do além
lento decorre no vento.
Além mar do mar além
em tempo além do além-tempo.

Vejo as estrelas do além
no céu além do além-céu.
Ser do além é ser também
o véu do além além-véu.

Além tempo no além-vento
além do céu além do véu.
Linha sem vento sem tempo
além mar-e-céu sem véu.

ALÉM

Alma minha lançada ao mar
um corpo triste na ribeira.
Onda solene a navegar
coreograficamente abeira.

O hermenêuta nada decifra
do maralto fado secreto.
Sufrágio do vento ventoso
corpo são de olhar incompleto.

O mar navega mais além
muito mais além do além-mar.
Além-mar do além-navegar
vela do além-mar de vai-vem.

Mar mar-a-mar amar a-mar
Vai-que-vai vem-vem que vem.
Mareado mar de vogar
Aquém é muito além do além.

Meu corpo teu olhar levou
nunca nunca mais eu me vi.
Sem nave navego no mar
o que foi corpo é coisa em si.

ALFAIATE

ALFAIATARIA ARAÚJO
de Everaldo dos Santos Araújo
em memória.
Abaetetuba-PA.

Talha fatos
e fados.
A palavra
estrela Alfa do coser
no alinhavado figurino.
Costura nas entrelinhas
e chuleia ponto a ponto
das casas-pendão dos botões
para que os laços mais alinhados
não se desfiem na urdidura
do afinado gosto de bem vestir.
Minúcias e minudências
nos entalhes dos bolsos
detalhes atados à mais fina elegância
do mais terno condão do ser.

Um paletó com letrado azul
outro preto ou escarlate.
Que festa literata!
Escrita com arremate.

História e memória
da forma feita à mão.
Cidadão bem assentado
no estilista do coração.

ALGAZARRA

Al gazara
clamor arábico
nos gritos de guerra.
Armas de mão
sabre de tilintar
os gumes no coração.

Azáfama da assuada
de batalha em batalha.
Alarido da mourada
de incentivo ao combate.

Luta Portugal
com peito de aço
pelo próprio regaço.
No escarcéu da ira
tine a vozearia feroz.
Com denodo e destemor.
Desata a espada por amor ao reino
aspira e respira para expulsar o invasor.

ALIMÁRIA

Que sendeiro luminoso!
Comigo canta a boiada.
Vamos pra lugar seguro
a caminho da alvorada.

Luminoso que sendeiro!
Mais robusto o meu cavalo.
Tem na testa três estrelos
reino de luz e regalo.

Nosso caminho é uma senda
por um cavalgar sem fim.
Alto refulge o estrelado
amaranto o carmosim.

Aboia bumbá a boiada
o curral não é prisão.
Vela a estrela iluminada
é do campo o panteão.

ALMOÇO

No restaurante
comi um peixe de sabor
estúrdio.
Garçom, por favor!
— Que peixe é este?
— É peixe do Salgado.
Eu que sou da água doce
não titubeei no verbo hesitar.
— Então polvilha um pouco de açúcar no peixe.

ALTAR

A flor colhida
perde a Aurora.
No seio da amiga
o sol vai embora.

Ave voa no vento
andorinha faz festa.
Antes do pouso noturno
ondeia no ar de gesta.

Vernal no verde canto
o pálio cobre o amor.
Verte o vinho na taça
ergue a noite o pendor.

Altar dos altares
salve o prumo dourado!
Não há Língua em vão
amor é servo amorado.

Deleito-me de encanto
no canto de noivado.
Sou noivo do teu olhar
homem do teu cuidado.

ALVORADA

A palavra em paisagem
passeia no rio da floresta
aragem flores em festa
filme de longa-metragem.

De olhar perfumado
em sublime enlevo
asperge o que escrevo
no sumo d'alvorada.

Minha alma carnal
ave avança ao céu.
Não vaga no mal
sublime vergel.

Paisagem e alvor
nessa lua de mel.
Já floresce o amor
na terra e no céu.

AMANAYABA

Chamo minha amanacy
Mãe-da-chuva faz chover
Amanayaba vem aí
Vem com chuva pra valer.

Amanaiara sim Senhor
Bem que concorda comigo.
Chuva chove com amor
Não me deixa em desabrigo.

Não almejo amãpituna
Nuvem preta carregada.
Sem trovão amassununga
Sem corisco amamberaba.

Nuvem clara feito nuvem
Em água vou desabar.
Molhar teu corpo em desfrute
Bem molhado o verbo amar.

Bem de chuva amanajó
Raios de amor amantiri.
Vou chover amanaó
Chegar noutro céu pypic.

AMANHECER

A aurora zarabatana tentáculos
na gema da sua própria erupção.
Arado vapor
ara no vento cristalino
a musculatura do sol.

Nasce o dia
depois do fogo
e o templo vernacular sopra do Oriente.
Ocidentalmente na fímbria da linguagem
freme o tambor ritualístico.
Crepita no meu olhar o mito de Naiá.
Vibrante.
Emana a seiva solar
e se imiscui na madrepérola
com o agridoce sumo da neblina.
Um grito gigantesco da boca do mundo confunde-se
com seu eco em profunda reverência:
— Ohaió Gozaimasu!!!
E eu respondo veementemente:
— Bom dia!!!

AMOR DE LUA

Não! Eu não quero ir pra Marte!
Bem irei se for pra lua.
Lá é campo de baluarte
Deus da Guerra na gazua.

Ele anda de lança e escudo
Quero sombra e água boa.
É violento e resoluto
Da lua fico na gamboa.

E quando fizer luar
Quero ser teu namorado
Cantar-te em voz e violão.

Na lua cheia vamos casar
Amor todo enluarado
Seresta no coração.

AMORÉ

Maria sai da toca
do fundo do rio!
Amiga do destino
não tenta o desafio.

Maiuíra do dragão
babosa do aramaré.
Maria caramuru
taguará do timboré.

Maria sai da toca
do fundo do rio!
Ximburu só na espreita
desse jeito vazio.

Meia-noite faz visagem
para armação do mundé.
Tororó do peixe-flor
na rainha do aimoré.

AMOR-E-FLOR

Amor-e-flor
a flor semente.
Flor-e-amor
amor valente.

Tão belo amor
amor semente.
Amor tão belo
amor contente.

Em quatro versos
de passo-a-quatro.
Versos de quatro
em quatro inversos.

Amor-e-flor
vem gineceu.
Na flor-do-amor
vai androceu.

De quatro em quatro
medido amor.
Em quatro passos
amor-e-flor.

ANASTÁCIO

Em pé renasce a flor
procura uma vida nova.
Altivo senso do amor
inventa a serena trova.

Que seja feita a justiça
no cimo alto a evolução.
Florir do saber na mente
e do amor no coração.

Flor de ramada celeste
mítica sabedoria.
De companhia inconteste
tácita regedoria.

ANATOMIA

Acima de tudo
tomo trato da palavra
o estudo.
Disseco-a na matéria
a biológica física rítmica
e o soar das sonoridades.

Esfacelo o átomo
do ser e do não ser
para criar nova explosões
não temerosas.

Os apartes das partes
junto-os novamente
em novas concepções.
Arranjos
arautos ressonantes
na substância íntima da matéria.

Até...
Feito bem feito
o poema abre o peito
emocionalmente
para a razão do coração.

ANCESTRAL

Hoje sou o que fui
em parte sem apartes
do antigamente.
Apenas visto novos modelos
de roupas novas.
Os antigos sapatos que calcei
não eram tão confortáveis.

Dos meus avós
sou avoengo
da minha própria história.
O legado ascendente
da memória afetiva
cultuada culturalmente.
Consciente de que em tudo há
mudanças
faço minhas andanças
no aqui do hoje e no ontem do além.

Herdeiro de novas realidades
nas faces de novos enlaces
o além viceja aquém
em ancestre parceria
na linha mimética
do dia após dia.

ANDALUZIA

Anda a Andaluzia
na luz arábica
escultura do olhar longínquo
varre a areia sobre areia.
Arrisca no sentido o deserto
por perto o sedimento do ser.

Herança moura
a duradoura mesquita
mourisco o castelo
suntuoso o palácio.
Arte plana
ondular:
Sevilha Málaga
Córdoba Granada Cádis...
Arquitetas da engenharia cultural.
Sempre a permear no tempo
o hábito do vento
o hálito seco
condões da memória
inabalada.

ANDARILHO

A navegar pelo rio
já andei pelo sertão.
Obumbrado no sombrio
vago no meu coração.

Sou viajeiro itinerante
ando pro mundo no mundo.
Às voltas deambulante
e reinvento o rotundo.

Vagueio em torno do eu
e sou multifacetado.
Face em face circunvago
dou voltas no Coliseu.

Sou do curinga nubívago
continuamente nômade.
Da vela panda velívago
vejo o vento politômico.

Minha terra é labirinto
nunca fácil de morar.
Nela quase nada sinto
vago mundo altivagar.

Estou de acordo em dizer
que tens distinta razão.
É sagrado o imaginar
é teu o meu coração.

ANDOR

Nas flamas da solidão
A terra pulsa e suspira.
Inunda o ser que se estira
No afogado coração.

Lábeis lábios rotativos
Vírus fungos e bactérias
Lançam átomos incisos
De poderes deletérios.

Alma da morte sem sangue
Nenhum derrame de nada.
Lânguida anêmica langue
A morte vem anunciada.

Nos responde a Natureza
À mais cruel involução.
Gesto ao ataque a defesa
De suster-se à agressão.

Onde anda a coroa do rei
Ouro não tem mais valor.
A coroa é só um andor
Essência é alma de lei.

ANFITEATRO

Campanário
o mar brande os sinos
no silêncio do mundo.
Escuta os lamentos da lua
e passa-os para o sol
nas correntes dos raios fúlgidos.
E a estrela de três faces
delira e tirita dia e noite
mergulhada nessa estranha ilusão
de ser matinal vesperal notívaga.
Contempla o fantasma do além-mundo
e a plateia deste anfiteatro
de raposas lobos leões
a fragmentar-se em tudo aquilo que vai
e não volta nunca mais.

ANIVERSÁRIO

Tem bolo redondo em mel
No rosto claro da lua.
Velas de estrelas do céu
No espaço que a luz flutua.

Nossa Essência vai e volta
Em cada ano se renova.
Move no poema a escolta
De ânimo novo à Boa Nova.

Celebrar com atenção
Parabéns ao Universo
Nós em nós o verso anima.

Bem dos Bens no coração
Salve o diverso do verso
E a rima de rima em rima!

ANTESE

Eu sou mais azul
sei vestir-me bem.
Vejo mais além
lido Norte a Sul.

As partes do mundo
nas partes de mim.
A ti me comungo
no mesmo clarim.

Eu em minha vida
vivo em outras almas.
Sou gema remida
de salves e salvas.

Traço na palavra
as lavras do amor.
Na luz que alinhava
a antese da flor.

O MUNDO POÉTICO

É pá-a-pá-santa-justa
Versos de polido brilho.
Ypsis verbis palavra augusta
Ypsis lítteris letra cintilo.

Mutatis mutantis que se muda
Como deve ser bem mudado
Verbo a verbo no que se estuda
Palavra por palavra o lavrado.

Mot a mot leda semelhança
Mundo-a-mundo semelhante.
Viva analogia na iluminância
Roda-a-roda o mundo exuberante.

Ao pé da letra se completa
Tudo a sortido mimético.
Imitar o singular inédito
O novo é coisa de poeta.

AO PÉ DA LETRA

Ler a lei
por ela somente
como única razão.
A lei não tem vida
morreu no dia da sua aprovação.
Quem vive é o magistrado
que a ressuscita no exercício
interpretativo de sua aplicação.

Entre o morto e o vivo
fica estabelecido um grande vácuo.
Para preencher este vácuo
o Juiz ou um Colegiado de Juízes
devem decidir diante dos autos
e do momento social
se o veredicto é justo ou injusto.

Nos caudais sociais o rio muda a cada instante
entre enchente e vazante.
Animadas
as palavras ondeiam-se nos ditames da justiça
entre a liberdade e dela a sua negação.
Quem não rouba as águas do rio é cidadão
quem as contamina essas mesmas águas é ladrão.
Toda ofensa
viola o princípio de ser rio
desde a fonte até à foz.

Os crimes de lesa-pátria têm no justo juízo da justiça
a força potente de uma vibrante voz para privá-los
e exterminá-los.
Dura lex sed lex. Cumpra-se!
Leal é o magistrado que não ignora os fatos além dos autos.
Ajustadamente justo. O rio segue imponente no caminho
da sua calha
em digna liberdade e íntegra sabedoria de viver.

AO PROFESSOR

Tenho nada não declaro
sou justo nada professo.
Não faço voto e cenário
caminho livre no expresso.

Valorizo o meu valor
bem expresso o valorar.
Em ser um bom professor
é saber professorar.

APOLÔNIO

Quando Apolo namora a Lua
ilumina-a em plenitude
em três noitadas de luar.
Denota o seu coração
e expõe a carne etérea
na Láctea amplidão.
Solário de Diana Ceres Délia...
Citarista das Musas
trombeteiro das infantas
arqueiro de arco e lira
atiça as chamas do supremo amor terreno.
Candelabro de airoso encanto
em radiante corcel de garbo esplendor.
Acalanto de Maria Hebe Citéria Helena
atração das moçoilas do beija-flor...
Luminadas pelo mavioso e fulgente amor.

APORIA

Aporia da palavra
ao poder do mote.
Um lance mágico
no planetário cote.

Não é
paradoxo
ortodoxo
heterodoxo...

A palavra é laica
deleita-se com a magia
tem sua fé no nada ser.

Em voo galáctico
ao glamour das estrelas
ao sal do sol
colore o céu.

A palavra quer desafio
para ser alta criação.
O astronauta rasga o espaço
em livre-alvedrio
à nova aclamação.

APUÍ

O apuizeiro finca o pé
no sopé da augusta planta
da Amazônia mais frondosa.

Apuí do braço forte
de tentáculo robusto
icipó liana ardilosa.

Sobe pouco a pouco ao tronco
lentamente se enrolando
em longo laço sinistro.

E se entronca no tronco
corpo a corpo no silêncio
amoroso e cabalístico.

E se agarra com volúpia
sufocando suga a verve
sem nenhuma compaixão.

Se desdobra em galhadas
estrangula a pouca sorte
vai ceifando o coração.

Lenta se fana a planta
sem defesa perde a vida
esvanece o belo encanto.

Que voraz apuizeiro!
Amoracea desamor
nunca amou seu acalanto.

AQUARELA

"Brasil, meu Brasil brasileiro meu mulato inzoneiro."
ARY BARROSO

Os incautos enganados
pela inzona do poder.
Na zona dos enredados
não demanda o vir-a-ser.

Que política manhosa
o dinheiro vil brinquedo.
Moeda leguminosa
o país nesse folguedo.

Mentira é coisa de sonso
mexerico de intrigueiro.
Nebuloso vale esconso
afetado e costumeiro.

O Brasil miscigenado
carece mais oxigênio.
Na cabeça do abilolado
também falta tungstênio.

Viva o mito das três raças
os mulatos e os cafuzos.
Mamelucos vão às caças
cada qual com os seus usos.

Passa gente passa rio
navega o bisbilhoteiro.
O branco não leva brio
de lance o negro é lanceiro.

ARA DO AR

Arapaçu pica-o-pau
À procura de cupim.
Arapapá pega-o-peixe
Pede chuva o araçari.

Aracatu é tempo bom
Na cantiga da ararica.
No ararangaba é meio-dia
Aracuípe já fornica.

Ara o tempo o arary
Arobiacara sou dócil.
Não vivo como fantoche
E não fico quiriry.

Oby visto verde e roxo
De azul aro meu viver.
Meu beijo não é muxoxo
beijo a vida com prazer.

ARAMAÇÁ

Peixe peixinho do rio
da maré doce acrobata.
Bailarino de feitio
muito esperto não desata.

Aramador rés o rio
aramaré aramari.
Delimita o seu fastio
põe cerca no tapiri.

Aramaré aramaré
aramaçá muda de cor.
Muda tudo arambaré
muda até o grande amor.

Aramaçá vive o sol
o luzir da luz do dia.
Sente o juízo do mundo
o estrelado ele recria.

Aracatu sopra firme
o vento que mais anima.
Aramaçá ama a festa
o tempo de tanta estima.

Nayá a mais bela Yara
musa e almenara do rio.

Em belo corpo de igara
o aramaçá a seduziu.

A Senhora Mãe do Rio
náufraga noutro costeiro.
Sem vela nem atavio
Chegou à Ilha do Luzeiro.

Do sol o olho nem piscara
na manhã de muito frio.
— Oi, amigo aramaçá!
Nas ondinhas o cicio.

Meu amigo aramaçá!?
— A maré enche ou vaza?
Canta o dia o araçari
o aramaçá não dá asa.

— Aramaçá!! Aramaçá!!
A maré enche ou vaza!?
O aramaçá rebateu:
Nanananá nanananá...

Sem o medo do arremedo
o aramaçá não reporta.
Vingativa a Mãe do Rio
fez-lhe então a boca torta.

Veio o famoso Netuno

nosso grande Rei do Mar.
Veio Tétis veio Nayá
Calíope do navegar.

— Aramaçá aramaçá
nós queremos te ajudar.
— AH! Sou muito agradecido
pelo apreço singular.

— Eu sou eu na minha beira
como vocês podem ver.
Levo a vida de maneira
que não mexam com meu ser.

— Meu bem é ser ajustado
mudo quando devo mudar.
Fico com a boca torta
o que me importa é amar.

— Do céu gosto do luar
sou um cara de paixão.
Maravilha do solar
palma de estrelas na mão.

— Não fui feito por engano
e não me deixo enganar.
Na natura tudo é pródigo
na terra sou do rio-mar.

ARAPONGA

Bate o martelo na bigorna
canta no ferro araponga.
Retine no ferro no molde
estridente voz se alonga.

Araponga arapongada
resfolega vento no fole.
Folega longe tua amada
no folgado fole da prole.

Serra na serra zinguerreiro
retine no fero e no cavo.
E tininte sem destempero
trinfa no bem alinhavado.

Araponga arapongado
meu passarinho estridor.
Tine teu regougo largado
traz ao fogueado o meu amor.

ARBORAL

Plantei um raio de sol
na chã terra-chão.
E veio o raizame
e fincou-se mais ao solo.
Arboral
o caule frondoso e folheado.
E finalmente veio a flor.
Bela espanca inundou as minhas mãos
com um estilete de artesão.
A palavra verborosa
rosa-cruzada
plena de luz
entre o poema e o sol.

ARIRAMBA

Ariramba ariramba
passarinho bamba
da beirada do rio.

Pega insetos em voo
no seu bico comprido
armado com feitio.

E canta com risadas
das cores vaidoso
brilhante caçador.

E ledo enamorado
da color borboleta
o chamam beija-flor.

ARMARINHO

Ar do mar marinho
Pano a vela-vento
Na linha do tempo
Navega no linho.

Mar de atavios
Fitas e bordados.
Botões de feitios
Tão armazenados.

Alegre vestido
Vindo do bazar.
Levanta nutrido
Nas ondas do mar.

No corpo costura
Tecida beldade
Em fina postura
A carnosidade.

Ondas de ondear
Armado armarinho
Vem do verbo amar
O teu feminino.

Manto da aurora
Esta redondilha
Que por ser menor
É tua maravilha.

ARRIBAÇÃO

Flora o poema poético
no eterno voo da quimera.
Andorinha-poesia
todo tempo é primavera.

Egos na trama
formas secretas
versos derrama
a letra impetra.

Canta ao mito
da Natureza.
Deuses do rio
a fortaleza.

Tempo poético
da memória.
Onipresente
em longa história.

Amor que vai no rio
na língua ondulante
de linguagem a fio
libido navegante.

Igarité de sementes
luzir de luzes no rio.
Estrelas candentes
multifaces de feitio.

ARS

Arte comparte com arte
o talento é do saber.
Por engenho coisa à parte
faz a coisa acontecer.

Todas musas são bem-vindas
velhos deuses têm razão.
Já morreram na fogueira
da primeira inquisição.

Além vivo vou além
nada sou pro querubim.
Quem me diz é a Natureza:
— Vem pra terra do sem-fim!

ARTEMÍSIA

Dou-te um ramalhete de flores
Senhora do arco-e-flecha.
Virgem das terras terrosas
das selvagens selvas amorosas.
A virgindade é uma brecha.

Atira! Lançadora de dardos.
É personal o teu poder.
És feliz e o teu bardo
conta ao povo tua magia.
A lua também conta histórias
lendas do teu amor viril.
Épica em teu corpo incorpóreo
varonil é o teu quadril.

A terra é a tua perfeição
segura meu ramalhete.
Deixa nascer no parto
o clitóris no coração.

Está feito o círculo
circula a lua no céu.
Meu desejo tem raízes
donzela de fogo: teu véu.

ARTE-POEMA

Arcar o poema
sobre o sustento.
Não deriva à toa
cada elemento.

Funda-se a base
no refletir.
A viga vigia
o sustenir.

Caso por caso
cada pilar
coisa afigura
lavra o lavrar.

A trena atenta
o metro acerta.
O prumo apruma
o voo liberto.

Alinha a linha
tudo no esquadro.
O grau no grau
equilibrado.

Cada janela
de arte-mestria.

Posta a medida
na armaria.

Não é de toa
a luz do lume.
Andar por andar
até o cume.

Em tudo um fim
nada é à-toa.
Elo sem leo
até à coroa.

Cada elemento
do propelir
tem por sustento
o ir e o vir.

O som a luz
a melodia.
A equação
da alvenaria.

Tende a matéria
para a magia.
Arma o poema
a engenharia.

AS CARAVELAS

Sentado à beira do Tejo
ora vejo as caravelas!
Nos meus olhos aquarelas
sigo em sentido o cortejo.

Sentado à beira do Tejo
ora vejo as caravelas!
D'América as passarelas
N'alma sulina o latejo.

Sentado à beira do Tejo
ora vejo as caravelas!
Atlânticas cinderelas
no meu coração festejo.

AS FORMIGAS

Na quenquém querem quenquém
Bota fogo a pixirica.
Lava-pés na tiririca
Vem rebenque no rebém.

Sarassará carpinteira
No oco do pau carapina.
Na chã do chão faz fileira
À rainha bailarina.

A fantasma zigzagueia
Anda no zig zig zig zag.
À quimera da doceira
Não lhe falta tal destaque.

A louca pira pirada
Roda roda anda na roda.
Bem urbana urbanizada
Antenada ao jiga-joga.

Imponente a faraó
Monarquista do palácio
Não ingere alho-poró
Só o açúcar turbinado.

Se exercita a acrobata
Ergue audaz ereto abdome

Escudo de astro inflame
Mete medo ao lobisomem.
Vil formiga cortadeira
Corta e corta iça-aibá
Desfolha toda a roseira
Leva a rosa ao samburá.

AS TRÊS MARIAS

Maria de Maria vem Maria
as três paixões do caçador.
Cinto na cinta de Orion
cinturão arqueiro do amor.

Maria Mintaka Delta do rio
a foz do fogo do ar terra mar.
Espírito eterno e varonil
Emparelhado laço do amar.

Maria Alnilan Epsilon
a que gera lumens de energia
a despertar mais a conjunção
a concórdia em pérola-alegria.

Maria Alnitak de Zeta
casa da função animada.
Alma binária do luzeiro
e do sem-fim iluminada.

Penélope é de Ulisses
Isolda de Tristão.
Guinevère de Lancelote
Dalila é de Sansão.

Maria é de Maria
mulher do bem viver.
Estrela do grande amor
na galáxia do querer.

AS VISAGENS DE BEJA

Às seis horas da manhã
Ouve-se um apito agudo
De penetrante veludo
Da rapineira acauã.

Fiiiiiu... Acauã! Acauã!
Desperta a Vila de Beja.
São Miguel logo solfeja
No sino o balangandã.

No mato detrás da Igreja
Dorme o mundo visagento.
A Mãe-do-Mato peleja
No caá do mato dentro.

Às seis horas da tardinha
Sai o jacaré-pagão.
Canta a Maria-pretinha
Macaco papa-mamão.

Sai o porco roncador
Caititu da catingueira.
Sai o burro marchador
Berra o bode pirangueiro.

Mucurão que papa-ovo
Capivara de gibão.

Da guariba o capelão
Que das fêmeas sempre noivo

Arriba acima a ariranha
Braba vem a pirarara.
Vem a lontra só na manha
Peixe-boi da jacitara.

O quati revira-rabo
A preguiça anda ligeiro
O tatu revira-bola
A cutia no petisqueiro.

Sobe o bode do Castelo
A raposa cava buraco
Lá resmunga o escaravelho
A paca no baco-baco.

Gato mia jaguatirica
Este mundo é fanfarrão.
A suindara xiririca
Tem medo de assombração.

Sai a cobra sucuri
Na sombra da alumiação.
O ruído da coisa-em-si
O temente capetão.

Vem gato-preto zolhudo
Mistério da Ipupiara.

O jacuraru abelhudo
Jucurutu picapara.

Vem curaua caburé
Cascavel e tracajá.
Jacamim e jupará
E o galinho da Guiné.

A Mãe-do-Fogo Tatamanha
Mãe-do-Dia Araci.
Jararaca na artimanha
Não espera o quiquiqui.

O boto namorador
Vem atrás da perereca
Traz em porte a flor do amor.
Vigia seu ovo a marreca.

Vem no choque o poraquê
Vem o sapo cururu.
A galinha garnisé
A cobra surucucu.

Maracanã vem biguá
Jaçanã e jacamim.
Mãe-da-Terra japiim
Vem também o mangangá.

Saracura sarapó
Quero-quero surucuá.

Quiriquiri noitibó
Caxinguelê e guará.

Vem a pata do Felipe
A juruti do Piaçoca
A garça do Miguel Brito
Do Dico o anum-coroca.

A Mãe-da-Lua urutau
A jamanta raia-boi.
Vem o vigário-geral
Pra dizer que nada foi.

ASA DE AIA

Aia Maria
minha dama de companhia
bem cedo chama Eros
para acordar o dia.
Logo tira-me da cama
para ver
Hélio acontecer.
À noite chama Selene
para acordar a lua
e encher-me de luar.
Depois leva-me para a cama
para ensinar-me a amar.

ASA-DELTA

Aeronave
ave nave
Eva de véu.
Asa de planar
na foz triangular
do céu.

Arco no ar
de Lilienthal.
Declinação de voar
Astro Ícaro
asa do homem fluvial.

ASA PENA E BICO

Ter uma boa pena
De voar com asa.
E ter um bom bico
Que o picar embasa.

Asa pena e bico
Solto-me a voar.
Em cantar convicto
Na pena o sonhar.

Asa pena e bico
Asa que se solta.
No canto mais rico
Que o escrever envolta.

ASSALTO (1)

Mãos ao alto!!
É um assalto
de palmo em cima
na palma da mão!

Mãos ao alto!!
senão eu mato
com tiro no peito
no teu coração!

Passa o celular!
passa o cordão!
Perdeu perdeu!
Agora é meu
não tenho medo do Leão.

ASSALTO (2)

Nos passos da rua guerreiro
de andares na rua da guerra
desata o cair por terra
a vida se finda ao meio
da gente no mundo inteiro.
O roubo depois a morte
descuido de mala sorte
de súbito alguém enlaça
revólver que monta praça
o sangue febril recorte.

ATLETA

Ser poeta é ser atleta.
É ter asas para treinar.
A linguagem quer fazer
exercício muscular.

Estica aqui
puxa acolá.
Mexe o chassi
pega o ganzá...

É suporte da palavra
nela mesma se mover.
Em cada canto se lavra
para muito mais viver.

Vivo movimento em vida
no natural no rondó.
Se move-move e lapida
se lança e alcança o sol.

Vira música ritmada
do mais sonoro atletar.
Enceta viagem celeste
para na Terra ficar.

ATMOSFERA

No atmo da terra
o passarinho rompe
o universo do ovo
e trôpego na névoa
amorosamente prepara asas
ao vapor de voar
no espaço global
prova do próprio advento.

GRÃO DE AREIA

Na praia do mar
o micrgrão de areia
é um pequeno planeta-mundo.
Corpo de sílica
idílica
poeira cósmica da lua
perdida no luar.
Modelo de divindade
amoroso grãozinho de areia
de inorgânica humanidade.

ATÔMICO

Sou como o átomo
vivo bem no além.
Alvo certo do édem
sou festa aquém.
Em meu cio solitário
faço a festa danço valsa
tenho o sentido vário
em tudo que me alça.

Em verde sonhar
meu ópio é verde.
Em destino sem parede
tenho os lábios de amor
risco no céu uma lágrima
água maravilha em flor.

Ser sábio não revelo
treva de elegante anelo.
Mas por ser arte rica
meu eu desmantelo.

Na penumbra
rola a eternidade.
Opera a ópera
no caminho da formiga
medalha de correição.
Largo explodo
em atômica explosão.

AULA DE ITALIANO

È curioso che la parola
cuore è coração.
Che il cuculo dell'orologio cuculia
cu-cù, cu-cù, cu-cù...
pia, pia, pia... na armação.

Che la parola culo
è più interessante.
Non è frutto proibito:
Ma che culo!! Che sorte! Che fortuna!
cu-cù, cu-cù, cu-cù... Che culone!! Che bundão!
Il culo più grande del mondo!
Profondo... fondo, fondo...

AURORA (1)

Em cada aurora
um pouco de saudade.
Eos traz a novidade
e nela o alter da memória.

Respiro-a
como anelo
ao horizontalino voto
estratificado no desejo de ser
um pássaro de planeio alto
cuja sombra jaz
como inconsútil brinquedo
imóvel no chão da terra.

Legenda remota
que o tempo inventa
ao vento de todas as sazões.
Por mil razões
há na esperança do amanhecer
mil lápides que sepultam
o viver para renascer.

AURORA (2)

A aurora é íntima
de suave andor.
É alba legítima
Cantiga de amor.

Lúcida aurora
messe dos ninhos
nas asas de luz.
Áurea sonora
avoados caminhos
aura de olhos azuis.

Estandarte de fogo
lábaro de luta
bandeira de valor.
Incenso do jogo
haste de labuta
éter trovador.

Aurora que afia o dia
levanta o sol no céu
floreia a flor do amor.
Arma o arco-sinfonia
aparelha o corcel
aurora do vencedor.

AUTO-RIOGRAFIA

Eita!
Brasileiro de nascença
italiano de descendência
vim de Marsico Nuovo
vim de Treviso
vim de Venezia.

Português por lídimo afeto
o Monte Pascoal das Navegações
a Língua Portuguesa.

Abaeteense de Abaeté
da bem querência.
De abaetetuba fagueira
por reverência.
Do Rio Tocantins a Foz
do Rio Maratauira a Beira.

De Abaeté espreitei o mundo
e senti a universalidade na veia
e nas letras literárias.
Camões dos Luíses, Almadas dos Negreiros
Quental dos Anteros, Verde dos Cesários
Pessanha dos Camilos, Garrett dos Almeidas
Espanca das Florbelas, Pessoa dos Fernandos...

No Brasil descobridor
e descoberto descobri
o primeiro poeta brasileiro
Matos e Guerra, o Gregório.
Cecília, a Meireles Bandeira, o Manuel
Melo Neto, o João Cabral Andrade, o Mário
Guimarães, o Rosa Quintana, o Mário...

Abaeté na ordem cidadã
urbe na orbe do mundo.
Que chamego louçã
no gira-girar rotundo!

As reticências são infinitas
o mundo é pequeno pra tantas fitas.
Em nós o Rio Pará
vai nos rumos do além.
Rio que nos leva ao mar
na ventura de velejar
em cada advento um advém.

AVATAR

Desce do paraíso
a manifestação arcádica
da lua.
Éramos heróis de Eros
no céu aberto à solidão
da rua.
O passarinho esculpe o canto
com a mesma voz
de outrora.
E o vento sopra e o tempo passa
com o mesmo vigor
da aurora.

Desce em carne e osso
o que não tem corpo
para se mostrar.
O que não é da Natureza
é criação do homem
dar vida ao avatar.

AVE-AVE

Ave-sol
Ave-luz
Ave-rol
Nos-seduz.

Ave-asa
In-finita
Nos-apraza
Afro-dita.

Ave-amor
Ave-rara
Ave-flor
Ave-clara.

Ave-asa
Asa-lua
Nos-abrasa
Asa-nua.

Ave-sol
Asa-cósmea
Caracol
Deixa gosma.

AVIÃO

Os ônibus antigos
morreram sucateados.
Carcaças correram estradas
para viverem noutra encarnação:
panela bacia lata fogão...

Eu tenho um avião
que ainda voa alado
no país do coração.

Não sei quando
já sem asas
serei vento e nuvem.

BADULAQUE

Tudo-nada é zarandalha
traste de pouco valor.
Alfaia coisas miúdas
és não és do prosador.

O derréis não vale nada
nonada do céu na mão.
Comédia de simples farsa
malbarato de botão.

Futrica o quiriquiri
rocalha o cacaracá.
Pechisbeque é cacaréu
uma figa por dá cá.

Rebotalha a bagatela
tuta e meia com razão.
Avelórios de vintém
no pulsar do coração.

BALACOBACO (1)

Está tudo liberado
tofraco tofraco fraco...!
Destampado o cântaro
balacobaco balacobaco...!

Baco no baco
o baco-baco.
Sair do tofraco
naco naco naco...!

É festa animação
é farra de festeiro.
Começa bem o jogo
supimpa no maneiro.

Baco é muito bacana
da vinha vem o vinho
e dos cachos de uva
as bacantes com carinho.

Pinta-brava comilança
nas Entradas e Bandeiras.
É hora de encher a pança
com farofas brasileiras.

Aqui se diz um nhaco
uma mordida beleza.
Nhaco no naco-naco
Baco rega a Natureza.

BALACOBACO (2)

Extra balada de Baco
embalo da animação.
Festa de muito barulho
festeiros da comunhão.

A farra não corre à toa.
Ronga m'balaku do amigo
no gazeio da bambochata
diverte-se o divertido.

O solaz do só lazer
distração do sibarita.
Sem tardares e tomares
sem ninguém anafrodita.

Rola a ronda sensual
das fabulosas bacantes.
Ariadne anima as ninfas
rega o vinho altissonante.

Mesa farta o rega-bofe
sustenta firme a energia.
Na ciranda do prazer
na volúpia da alegria.

Transcende o taco de Baco
nas deusas da divindade.
Tecido amor sem contenda
o vinho é a faculdade.

BALÃO DE GÁS

Balançando ao vento
O balão sobe ao céu.
Vai ao supremo templo
Encontrar-se aos deuses.

Baco e Maria
    Aliança

Nasceram gêmeas univitelinas:
Maria de Baco
e Baco de Maria.

Ambas e bambas
do bacobaco.

BAMBOCHATA

O bambola vai à pândega
o bambola a bambochar.
Patusca na patuscada
fantoche a cambalear.

Na festança extravagante
toca toca o tralalá.
A dançada corre solta
bamboleia o bafafá.

O bombola é muito tolo
e papalvo na gandaia.
Estrábico pouco vê
nem mesmo rabo-de-saia.

Macho só dança com macho
mulher dança com mulher.
O mundo vira borracho
nada cabe no escaler.

BANANEIRA

Musácea folha folhada
com musas do Cavendish.
Enfloresceu sombreada
deflorada a donzelice.

Pacova dá pacovão
no pendão do mangará.
Enrola teu coração
catimbó do linguará.

Rica a banana agiganta
no viço de alta-tensão.
Até quem fraco levanta
mais anima a radiação.

Fica tudo irradiado
no vigor do potássio.
No levante do legado
passe de amor no Parnaso.

BANDALHEIRA

Mala punica mala fides
a mala
o homem mau
o inimigo
a má-fé.

 A mala do bandalha
negócio ilícito
arranjo da ladroeira.

A mala da mamata
bandagem do bandarra
o sem caráter o velhaco.

A mala do desvio
bandana da fraude
o sujeito vil.

A mala da quadrilha
a vilania da traição
o bandar da bandarilha.

A mala do pulha e do salafra
da vileza à sordidez
desatina o cambalacho.

A mala da patifaria
do sem-vergonha a desfaçatez
do pilantra a biltraria.

Ó tempos! Ó vilanias!
Baratar a honra por dinheiro
corromper o povo com mentiras
lesa à pátria o bandarilheiro.

BARAFUNDA

Pipira no oco do pau
Inhaca olha de soslaio.
Coração artesanal
Balão posto no balaio.

Embiara nas entrelinhas
Tia-vovó quebra-cabeça.
Minha terra tem rolinhas
Cisca-cisca o pão travessa.

Soí cravejado azul
Chacrinha ficou gripado.
Constipado norte-sul
Na bagunça sem cuidado.

Não metas o bico bedelho!
Mundo virou pandemônio.
Borocoxô o chico-preto
Veste-se ao vento favônio.

Fustão preto no cogote
Emboança embananada.
Arteiro que ninguém pode
Na cachopa temperada.

POEMAS AMAZÔNICOS

Azulão de azul cabreiro
Banzeiro ao mar de barão.
Que macaco sorrateiro!
Agora só come pão.

Pia no esmo a jiripoca
Entrementes o tempero.
Vem ligeira a pororoca
Afundar o igariteiro.

O bem-te-vi empanzinado
Não quer mais chamar ninguém.
Na espelunca embatucado
Não quer nada nem terém.

No bocó da curriola
Copiosamente bulhufas.
Garafunha mais fogosa
Corre-corre lufa-lufas.

Arrocha encalacrado
No goró de boca ardente.
Cachaça no porreado
Da palavra mais fremente.

BARCO-NAVE

Barco nave
ave vela
o rio e o tempo
no tempo do rio.
Maré viagem
na imagem
o emblema de ti
sem fim.

No negrume da noite
Vênus amiga
seduz as nuvens
e funda um porto
de armistício.
Subo ao espaço
e me desfaço
no voo armado resplendor
com os materiais do amor.

BATALHA

Brincando com mísseis
balísticos
bombásticos.
Começa a dança do fogo.
Sol solar e sinais de fumaça no céu.
Lua luar e o silêncio estratégico parece macabro.
A terra treme ao som dos tambores.
Mais fumaças das fogueiras.
Prenúncios de guerra
e o mundo-às-avessas.
Estiloso é o poeta
arma-se com arma branca:
estilete, punhal, faca peixeira...
para vazar na linguagem da paz
a forma de um novo mundo
sutilmente reinventado

BECA

Opa! Visto meu talar
de opalescente opalina.
Reveste o poder do sonho
a flor e a letra ilumina.

A flor desabrocha ao mundo
Bem-aventurada a letra.
Traz o hálito mais fecundo
vibra à solene ninfeta.

A letra em ser imortal
na terra irisada estrela.
Opalanda seminal
do criador a centelha.

Túnica larga e de pompa
veste na alma o desejo.
Pra Via Láctea aponta
a compartir o lampejo.

BEIJINHOS DE PORTUGAL

A rosa da rosa rosa
do crisântemo divinal.
Ouro de flor asterosa:
Beijinhos de Portugal.

A rosa rosa da rosa
desabrocha cardinal.
Do nobre astro luze-luz:
Beijinhos de Portugal.

A rosa da rosa rosa
altaneira e angelical.
Nas cores do ser feliz:
Beijinhos de Portugal.

A rosa rosa da rosa
nas cores da cor astral.
Une a terra o céu e o mar:
Beijinhos de Portugal.

Parto em minha caravela
nesse mar memorial.
As rosas que eu for colher:
São beijinhos de Portugal.

BELÉM DO PARÁ DO BRASIL

Ver-o-peso
Ver-o-peixe
Ver-o-ver da pesada.

Ver-a-vela
Ver-a-vida
Ver-o-ser da cruzada.

O peso o peixe
A vela a vida...

Abalançar a jornada
Nos encantos do Pará.
Ver-a-vela desfraldada
De Belém a navegar...

BELÉM DO PARÁ

Belém Belém Belém
Belém do Rio Pará.
Belém Belém Belém
Da Baía do Guajará.

Belém Belém Belém
O rio nos leva ao mar
Belém Belém Belém
Tens o dom de navegar
Belém Belém Belém
Tens o dom de navegar...

Santa Maria do Grão
Que a gente vive a cantar
Belém Bela Belém
Belém do Grande Pará.

BELÉM-CIDADE VELHA

A lua carnavalesca
Colorida e sonora
De feitio rocambolesca
Santo Alexandre namora.

Tão tão tão tão-tão-tão-tão...

A Sé de branco cardinal
Impassível e fervorosa
Senhora fabulosa
não gosta do carnaval.

Belém belelém bem-bem...

No centro da praça o Brandão
Frei Caetano arrebita
Com o olhar de açafrão
À urbe do belemita.

A lua Salesiana
De ouro e de prata
Conclama e proclama
Sua altivez sensata.

A Igreja do Carmo
De sangue cabano
Do mestre-de-armas
Contra o palaciano.

Tentem tentem tem-tem-tem...

Na praça do Carmo
À sombra do bosque
O eterno no etéreo
O penumbrado recorte

Dom Bosco diligente
Foca a luz da evolução.
Naquele olhar persistente
Ilumina a educação.

O Colégio do Carmo
Na flor da memória
Faz nossa história
Tempo que encarno.

Em nós vivem em nós
Os educadores.
O Pe. Bertoni
O Pe. Grismondi
O Pe. Efigênio
O Pe. Guido Tonelotto
O Prof. Manoel Moutinho
O Prof. Manoel Leite
O Prof. Andrade
O Prof. José Maria Cachorrinho
O Prof. Elias Gorayeb
O Prof. Paulo de Almeida Brasil.

O meu Curso Ginasial
O meu Curso Científico
O meu primo Ciro Menotti
Os meus colegas todos
Em todos eles ainda nos iluminamos.

BELO RIO

O rio é belo
Belo em si é o rio de si mesmo.
Belo é o rio que navega em mim.

Rio que é o rio do rio
Assente nele mesmo naturalmente
É o rio que corre sagrado
Nas ondas da minha alma candente
Em vista a vista do meu olhar.

Sinto em mim
Na enchente
A piracema como lema
Chegar ao meu coração
Pirá pirá pirá...
Afaga meus batimentos
A cadenciar os impulsos da renovação
E nesse vaivém de vazar e encher
De encher e vazar vem calibrar avante
O entusiasmo e dar mais sentido ao meu viver.

BENDENGÓ

No meio do caminho tinha um bendengó
tinha um bendengó no meio do caminho.

Tinha um cafundó
no uó do borogodó.
Tinha um brocoió
no meio xopotó.
Mororó o que mais tinha
tinha que tinha brocotó
No meio tinha um coropó
bocó demais tinha.
Tinha mina de pedrinha zuruó
de afiado bodocó.
Ó santo corocoxó!
Se não fosse meu zolho promombó
já teria batido o bolocobó.

BENEVENUTE

Todas as palavras são bem-vindas.
Mas existe uma distância
entre elas e as coisas.
Elas não estão coladas absolutamente
em nada.

Além há uma gruta sempre por perto
no sopé ou no cume da montanha.
Na gruta a palavra pode se esconder
quando tergiversada.

Porém são sensíveis e amáveis
aos alpinistas
aos rapelistas
aos pássaros habitantes dos píncaros
ou a alguma coruja soturna mas de bom agouro
sorrateira em novidar seus tentos
em pleno voo.

Ah! O mundo é uma teia insigne
de tramas não anunciadas.
Palavras são lavradas
livres de dilema em dilema.
Abre-te coração!
O tesouro está nas grutas do poema.

BERÇO DO VERSEIRO

Como que o nada
Pode ser nada
Se o tudo é sempre tudo?
O nada não se desliga
Dele mesmo em nada.

Ler para ser
Aquilo que deve ser lido.
Legenda deu em lenda
Em histórias mirabolantes
Neste mundo de finitos infinitos.
A lenda é uma legenda
Fantasiada pela rica imaginação.
Lema tema letreiro
O vice no versa
O versa no vice.
O mistério é sobrenatural
Mas a aventura é humana.
Saga na tradição
A história na legenda da novidade
Se misturam de modo intrinsecamente irreversível.

"Quem conta um conto aumenta um ponto."
E o poeta por ser fingido
Do fingimento nasce a coisa verídica.
Lógico: a imaginação é sempre semelhante.

Na forma na fôrma no aspecto na aparência...
O nada é o vácuo do tudo
E o mundo é confuso por natureza do seu espírito Imago
Os sinos dobram pelos que ficam vivos...
O poeta é poeta
De um pequeníssimo grão de areia.
Uma estrelinha.

A palavra efetivamente não está ligada
Ao ser denotativo.
A palavra não é Ícone
Porque não desenha absolutamente nada.
A palavra não é Índice
Porque não fala não canta não resmunga não late...
A palavra é Símbolo
Significantemente sonora rítmica.
Conotativa
Porque aceita se desfazer dos significados dicionarizados.
Deste modo oportuniza ao escritor consciente na sua
tarefa de poeta
Explorar essas qualidades para multiplicá-la em outros
significados
Sentir seu ritmo em comunhão e a sonoridade encantadora.

A mente poética é habilidosa nas engrenagens engenhosas
Do mundo. Fino artesão que sabe dar vida gosto e alegria
À matéria do barquinho do aviãozinho do dançarino...
Assim o poeta é navegante voador musicista repentista...
Sabe usar as ferramentas artesanais linguísticas e poéticas

Para tornar a palavra infinita... estrela de luz e saber.
Aqui regra não é regra costume não é costume
Tradição não é tradição.
No poema sumamente poético
O mundo é sempre novo sempre presente sempre viageiro
No cosmo do além sempiterno.
Por fim enfim... Ritmo sonoridade figuração
Na prosa e no poema
Eis a questão meu caro Writer.

BERI-BERI

Fraco estou fraco tão fraco
não penses ser lero-lero!
Posso não posso não posso
não sei o que é berimbelo.

Bate mais bate que bate
este cárdio coração.
Meu andar anda alterado
no mereré da aflição.

Sem destreza muscular
não enrolo o bereré.
Tremedeira treme-treme
dou passos contra a maré.

De tudo sumo esquecido
impensado vago olhar.
Deliro vegetativo
no balanço ondas do mar.

Cresce a carência bhur-bhari
vil e dolente escorbuto.
Foge-me a seiva venérea
dissolvo-me dissoluto.

Nunca andei de marujada
não como arroz biro-biro

leite legumes e peixes
com biri-biri suspiro.

Sofro de cardiopatia
coração sem vitamina.
Amor sem caligrafia
ó que vida messalina!

BIOGRAFIA

O rio é biógrafo
No tempo do ser.
Navega sem tempo
Sem medo de viver.

O céu é o oceano
No visgo poético do mar.
Visco de atrativos
Nas ondas do navegar.

Em mitos e alegorias
Cheio de peixes-santos
Salvas contra quebrantos
Goma elástica de fantasias.

Mar aedo da salvação
Calha infinita do credo.
Quem sou eu quem somos nós
Que vivemos no árido sertão?

BLANDÍCIA

Afago o gesto
da palavra ternura.
Terna a face
a expressão da ventura.

O mimo do beijo
amanteigado.
A palavra desnudo
no veludo bordado.

Outro beijo de azul
bem naturalizado
segue no rumo do céu
vestido aventurado.

Tudo o que digo e que dizes
transcendem ao abaixo-assinado:
aquém e além
o ar respira
o ar de quem
além suspira.

BLECAUTE

Falta luz.
Black o preto no branco
out é mais que apagão.
Silêncio no samba do terreiro
a umbanda na escuridão.

Há uma nuvem geral
é tempo de bombardeio.
Esperamos chegar o General
jogo é jogo de sete-e-meio.

Quem ousa deve ganhar
por nada iremos perder.
Bota a banda pra tocar
a trapalhada vamos vencer.

Por isso vamos cantar
cutucar nosso coração.
Vamos buscar o General
para enganar o trapalhão.

Chegou o General da banda Ê Ê
chegou o General da banda Ê A
chegou o General da banda Ê Ê
chegou o General da banda Ê A
....

BOA VIAGEM

O indefinido
vem nítido
aos olhos do saber.

Sigo meu rumo
em cada estrela
enfuno as velas do ser.

Ao mar avante
o mar é vasto.
A onda gigante
celeste astro.

Alma que se expande
no mar valente
e nada nas ondas
misteriosamente.

Alma que é nave
ao sol do mar.
Não tem porto
só o navegar.

O mar é diverso
rumor de rumores.
Guarda no tempo
divinais amores.

Tudo do mar vaga
nas vagas do mar.
Qualquer rumo
mar doce mar.

Em cada olhar
a estelar guia.
Valoroso tesouro
que em nós alumia.

Nave de bela estampa
a palavra nos une.
Nas ondas do navegar
o bem dizer a lume.

BOLANDEIRA

Planetária a bolandeira
roda dentada com dentes.
Imaginária entrementes
mói nas mós em nós vezeira.

Não nos mói somente a cana
pouco menos a mandioca.
Nos dentes é doidivana
mansa se faz de dondoca.

Moenda que mói na roda
roda que rói na moenda.
Volante que nos açoda
nos dói a lenda e legenda.

Azáfamas em bolandas
aos tombos a nossa sorte.
Vândala das cirandas
porta e nos recorta à morte.

BOQUIRROTOS

"... onde o parlamento representa mal a nação.

A pena do jornalista vale mais que a eloquência do orador."

RUI BARBOSA

Boca-rota nada guarda
segredo nem confidência.
Fofoqueiro tagarela
sabe tudo sem essência.

Embasbacado boquiza
pleno de admiração.
Nada cala do que sabe
não se pensa o falastrão.

Remurmura boquiaberto
a coceira bate-boca.
E resmunga indiscreto
na lenga-lenga já rouca.

Bom de bico bom de papo
o grazina nunca empaca.
Puxa conversa vazia
bate zoada a matraca.

O jogar conversa fora
é pra boi dormir em trela.
O linguarudo fiado
nunca fecha a taramela.

O falador eloquente
mora na Casa Federal.

Gaba-se ao fazer rodelas
trapos no paço campal.

O palrador na tribuna
de retórica expressão.
É um gárrulo prolixo
afamado linguarão.

Nas alas da Grande Corte
a supremacia deslinda.
Bole-bole bula-bula
das arengas advinda.

Está tudo malfadado
a lei nada dura lex.
Do loquaz estatuto
as loquelas do senex.

Aranzel cucurucu
dito corrente e moente.
Parlenga do belzebu
no parlamento cadente.

BORBOLETA

Panapaná
asa de catraca
escamosa colorida.
Bela belbellita encantada
papillio convencida.

Lépida lepidóptera
de deslumbrante ópera
nos panapanares da flor.
Leda empluma o alar
em volúvel borboletear
o amor fecunda o amor.

BORDOADA

Quem bate-bate não bate
Bordoada vem de bordão.
Mas aqui não tem combate
Bastonada é de bastão.

Também baque de porrete
A chamada porretada.
E quando é com cacete
Bem se diz ser cacetada.

Com borduna é bordunada
Bengalada é com bengala.
Com badalo é badalada
A mocada não resvala.

Com tronco-pau é paulada
Cajadada é com cajado.
Sapopema é catanada
Machadada é com machado.

Pontoada vem de pontão
Porrada talvez de porra.
Não vem ninguém que socorra
Quando bate o mosquetão.

Com pintinho é pintoada
Dedada é só com dedão.
Com pinica-pau é picada
Escorrega no coração.

BORIS PASTERNAK

Ouço as estrelas a cantar
na noturna escuridão.
E lembro o ser infinito
que mora no coração.

Deixo a palavra vagar
na vaga infinda do além.
O verbo vai devagar
célere escorre do aquém.

Cria asas o verbo voa
e logo um adeus acena.
Em pleno voo já ressoa
no universo contracena.

Voz do céu e do destino
por isso tão singular.
Nesse enfático caminho
a vida vence em voar.

A arte cria sementes
semeia estrelas no chão.
Até nas pequenas coisas
põe velames na amplidão.

Escrever é renascer
logo que amanhece o dia.

Imaginar-se nos outros
na luz do sol da alegria.

Tens que desatar os braços
para o poder de abraçar.
Vencer a morte dia a dia
no dom do canto sonhar.

Perene fama do imortal
alma é vida dentre os homens.
A treva sempre cruel
os desalmados consome.

Antes de ler eu medito
e por muito meditar
entro no íntimo do poema
sinto-me o encanto brilhar.

Viver é descobrir liames
elos coletivos da lida.
Arte de formal beleza
aclara a bruma da vida.

Arte é dizer o indizível
de modo raro e brilhante.
Por conta do inesperado
estranho e mirabolante.

Infinitamente a vida
vai além da teoria.

Subir no alto de si mesmo
vibra a imortal fantasia.

Ser o ser não é só mito
recato do bem viver.
A arte é messe sagrada
sacrário do enaltecer.

BOSÃO

Uma partícula poética
de big intensidade
e de bang massa hipotética
em metástica metaforidade
pode explodir
no meu e no teu
espectral coração.

Não regula a atomicidade
na verve da tua pele.
Logo instiga a emoção
e nesse encontro impele
a mais fantástica reação:
Bosão bosão bosão...
Eco ...são são são são...

BOULEVERSAR

Bole bole
no rocambole
vou bouleversar.
Enrolada levo a Bandeira
da pátria amada
ao boulevard.
Ó que avenida brasileira
cheia de gente enredada!
Andar andar andar
nas andas do céu
o milagrar.
Levarei versos de amor
do fundo do coração.
Bolinhas de cristal
para apagar a servidão.
Em versos acenderei o verbo amar
e desfraldo o Brasil
desse rocambole a rocambolar.

BRINCADEIRA (1)

Quanto mais brinco
com as palavras
mais as palavras
brincam comigo.
Que safadinhas!

Quem sou eu
que um dia fui
Este ou esse?
Este sou eu
vivinho da silva.
Esse que fui
ainda vive em mim.

Vejo o que não vejo
na palma da mão.
De palmo por cima
o teu coração.

BRINCADEIRA (2)

O pirilampo abre-cu
bate-cu o piriquito.
Penélope ave jacu
assacu dá faniquito.

Leva peixe o panacu
surucucu venenosa.
Cucurita o cucurucu
vira-cu dá cambalhota.

Mundurucu cara preta
na ribeira do apicu.
Carapicu na veneta
siriri no sururu.

Caracu cara de vaca
do joão-bobo jacuru.
Murucucu curucaca
sararaca no bucu.

Brinca a palavra urucu
frufru gluglu canguru.
Peixe agulha timucu
toma no pau de uacapu.

BUCÓLICO

Raio de sol
a flor sorri
meiga se volta
pro colibri.

Ronda a borboleta
traz sonho com lenda.
Voa novo cometa
e desprende a prenda.

Flutuam meus olhos
nas águas do rio.
Aromas bucólicos
no cio do cicio.

Meus lábios espaciais
ganham mais sentido.
Nas asas fluviais
sou mago ungido.

Nos rastros de luz
da palavra astro
a nebulosa seduz
na ponta do mastro.

POEMAS AMAZÔNICOS

Manhã de sol
lança no lance.
Na arcada do sonho
nasce um romance.

BUQUÊ

Eu te dou a minha mão
em nosso abraço-anelo.
É mágico o coração
a camélia o violoncelo.

Vem beijo de amor-versado
de vermelho furta-cor.
Vestido de amor cuidado
estrela de Lótus-flor.

O arranjo floresce em branco
na paz do amor bem versado
divinamente infinito.

De azul em cálido manto
no véu lida interligado
rosa-flor de amor contrito.

BUQUÊS DE FLORES

Flor-de-Maio e Amor-Perfeito
Margarida flor da fortuna.
Bem viola a violeta
Na rosa sempre oportuna.

A Calêndula o Agapanto
De amarelo azul-celeste.
Crisântemo e Lisianto
Em cores o céu se veste.

Lírio branco da pureza
Camélia do beijo pintado.
Almas de ilustre grandeza
Ao gerânio cintilado.

Da gardênia o perfumado
O doce amor em secreto
Aos olhos do girassol
Bem na face da Moreia.

Rósea flor da Azaleia
Do amor sempre consumado.
Como do cravo e a perpétua
Botão de ouro cortinado.

Hibisco Madiba Aliso
Sensual poder doce-mel.

Voa Ave do Paraíso
Azul Jacinto sem fel.

Antúrio do falo atado
É a alegria da Magnólia.
Da Cravina o apaixonado
Lótus do sexo bucólico.

Cristal Rosa do Deserto
Selene do ser Narciso.
Estrela do Áster liberto
Cíclame do paraíso.

A paz que vem da Lavanda
Lavra a sagrada Verbena.
Feliz Begônia comanda
A pureza da Açucena.

Tulipa do amor verdade
Na frescura da Amarílis.
Orquídea entre o céu e a terra
Com a mensageira Íris

CABIDELA

Na esquadra do Seu Cabral
veio xinxim de galinha.
Santa Maria Pinta e Nina
miúdos de Portugal
caldo de cabos e vinha.

Milhares de mil donzelas
brindadas Pica no Chão.
Fígado rim coração.
Vila Verde das panelas
no comando o capitão.

No alto-mar assim desvela
até chegar ao Brasil.
Na Colônia Varonil
baço pescoço e moela
na terra ainda pueril.

Já foi comida de festa
a vela vela a candela
no guisado a caravela
o bofe se manifesta
na calmaria na procela.

Traz o sangue da memória
na parelha se modela
da cozinha é sentinela
imigrante meritória
saborosa cabidela.

CABORÉ

Corujinha caipira
do penado carafuso
tão queimada pelo sol
de trejeito macambúzio.

Trigueira namora o sol
faceira namora a lua.
Rapina quando bem quer
não custa meter a pua.

Bem enormes são os olhos
mais intenso o grande olhar.
Mau agouro não existe
o prenúncio é pra caçar.

Da maneira que namoras
não aprendi a namorar.
Chamas a fêmea no pipio
eu não sei assobiar.

CACARACÁ

Maria Mariá
Mariá de Maria.
Mal rompe o dia
voa o caracará.

Maria de Maria
Maria Mariá.
Mal rompe o dia
voa o cacacará.

Olha Maria!
Olha Mariá!
Cuidado com o gavião!!
O caracoleiro tem bico afiado.
Sarapó é peixe liso
escorrega da mão.

CACARECO

Há muito caco no chão
muita coisa sem valor.
Mais aumenta a coleção
o barato é tentador.

Cacaréu mais o tareco
põem lixo no mundaréu.
No teco do teleco-teco
teleco do tabaréu.

Ornamento muito usado
no treco-treco a granel.
De tareco encacarado
no cacaréu do escarcéu.

CAÇOADA

Não faças pouco de mim
como no tempo de dantes!
Zoa galhofa de arlequim
em desdéns altissonantes.

Não faças pouco de mim
como no tempo de dantes!
Mangar em cada pasquim
em motejos vicejantes.

Sarro de asno bandolim
em chacotas basculantes.
Não faças pouco de mim
como no tempo de dantes!

Troça de burrico aipim
zombarias figurantes
Não faças pouco de mim
como no tempo de dantes!

Não faças pouco de mim
como no tempo de dantes!
Vai no burro o tamborim
a égua leva os berrantes.

Ó jumento zombeteiro!
Escanece em debochar.

Pega o jerico matreiro
leva o jegue ao mangangá.

Da mula jaz o tropel
não zune o satirizar.
Tudo foi pro beleléu
a mácula e o macular.

CAÇUNUNGUAÇU

A vespa sinunga ressoa
o zum-zum-zum-zum armistrondo.
Pica ferroada dolorosa
Asa-espada no pondo apondo.

Mata-cavalo come-cobra
deixa a gente no moribundo.
O grito de dor se desdobra
aflito dolor furibundo.

Marimbondo ferra com ferro
como o satanás belzebu.
Fundo encrava vilão embondo
o temor caçununguaçu.

CAÇUNUNGUÇU

Caçununguçu cavalo
Marimbondo caçador.
Vespa cavalo do cão
A ferrada dói de dor.

Marimbondo come-cobra
Marimbondo feiticeiro
Tirano bom de manobra
Ligeiro useiro e vezeiro.

Pompeia o pompilídeo
Condutor da presa guia.
Tem fama de ser mortífero
De cruenta fantasia.

Caçununguçu do diabo
Manda até gente pro inferno.
Caba grande saca-rabo
Severo fogo do eterno.

CAFÉ DA ARCADA

Arcabouço
arca da língua do Tejo
vela da Língua do Olhar...
Do beijo que goteja
no leito do Além-mar.

Velando asas parte a Armada
de caravela em caravela
para desvelar na aventura
terras da terra não cruzada.

Viajam ao vento de um poema
nos lemes o lema do navegar.
E nas águas vivas animadas
o novo em novo mundo altear.

Dançarinas de onda em onda
na dança do vento a emoção.
Além do além o largo oceano
oceana o Atlântico coração.

Em cena
a sina acena
e lembra a despedida do Restelo.
Mas zelosas além do zelo
de vela em vela
de vento em vento

vence a luta quem vence o tempo.
No altar da ventura
vencer é ser um bravo recital.
Todos os mares além do Além
são mares de Portugal.

CAFÉ DA MANHÃ

De comprido corto o pão
parto-o em duas bandas.
Então vejo
o pão por dentro
o trigal que ele foi.
Em cada face passo a manteiga
que antes fora leite do úbere da vaca
e que veio do pasto de capim brachiaria
que a vaca comeu.

Duas gramíneas compartilhadas
naquele sol do campo
e agora ele mesmo
o sol da manhã
nele
eu em mim me vejo.

CAIÇARA

Verso espelhado no espelho
a palavra fulge livre.
Mira a forma do delírio
no poema sem exagero.

É cerca feita de ramos
no tapume da volúpia.
Avante é mais do que vamos
cobiça do mundo cúpido.

Lua de assombrado luar
alguém que muito careço.
Bulício doma a ventura
parelho-me no adereço.

Eco de insano alarido
vista desejo e pudor.
Quanto é caro ser querido
no hermético desamor.

Sem audácia e tropelia
caiçara mais espelhado.
Assim armento infinito
na sombra o mal amado.

CALÈCHE

Na bela carruagem
Sou cocheiro da Calèche.
Levo a Dama na viagem
A um restaurante fino
A comer escabeche.

Em cada silêncio
Jaz vivo um mistério.
Aí! Jogo no verde
Para colher maduro.

Nasce o dia vem o presságio
Pungente no olhar cuíra.
Boato não é troça:
Café com pão
Bolacha não!
Café com pão
Bolacha não!

No fogo da manhã
Mil labaredas acesas.

CAMA DE GATO

"De tropeço em tropeço
aprendo o que mereço."
gnp

Logo que sai da ninhada
o filho filhote de gato
sente o cheiro de bom queijo
sai na caça e mata o rato.

Quando em algo quer se esconder
em gato furtado, embora
sempre deixa uma pista:
o par de orelha de fora.

O bichano sai correndo
e nunca mais volta.
Prensar o saco do gato
na dobradiça da porta.

Levar no lombo água quente
miador o gato mia.
Por isso gato escaldado
tem medo de água fria.

Quando o gato mia celeste
gato bem-aventurado!
Cuidado com o sovina

ele tem unhas de gato.

E se a coisa fica preta
não há mais nada de fato.
Dizemos tão simplesmente:
Eu já vou capar o gato.

Quando o gato come o bife
bem se esconde sem demora.
Mas esquece seu traseiro
pois deixa o rabo de fora.

Ao fazer uma peixada
tratar tudo com bom trato.
Justar um olho no peixe
o outro olho no gato.

Noturnos sem o luar
os gatos são felizardos.
Nos escurinhos da noite
todos os gatos são pardos.

Na casa nada é tapera
ele vê-se fortunato.
Veja! Ao olho nu do gato
tudo tudinho é do gato.

Na coleira: é dar o gato.
Ele leva de vencidas.
Não há jeito que dê jeito.
O gato tem sete vidas...

Gato pisado: o miado
o gato em si se consome.
Fazer de gato e sapato
o homem é gato do homem.

CAMAPU

Seja seio do peito
empinado ao olhar.
Manacá moça bonita
mais bonita do lugar.

Moça da roça em flor
o fruto de bexiga.
Muita gente na cantiga
na medida do amor.

Kamambu na bolha
na bolha o camacuã.
Tem o jeito de ampola
a modo de cunhantã.

Solano em pleno sol
no cálice frutivo.
Bate-testa mata-fome
do juá do infinitivo.

O sol diz que consola
a bola o balãozinho.
Camaru de cartola
bombom mais docinho.

Solanácea que tônica
do amor depurativo.
Amar sempre crônico
bom laxante e cativo.

O que cura a depressão
manacá moça linda.
Antioxida o coração
vitamina bem-vinda.

Camapu de capote
tem sais minerais
Também tem o dote
de amar muito mais.

Evita inflamação
vem antibacteriano
neuronizar a relação
contra todo desengano.

Manacá moça bonita
mais bonita do lugar.
Traz o camapu no peito
e faz o amor vingar.

CAMBALACHO

Supremo conciliábulo
whisk and bowl
o escambau
já cambou na cambalhota.

Está feito o laço
do farsante mascarado.
O povo cabeceia oscilante
cambaleia torto e ofegante
nas mãos da malhoada.
Mancha negra da conspirata
da colusão em cena
no truque do jogo sujo.
Mácula nódoa tramoia.
Verte fogo o lanceiro
na conspiração do dinheiro.
Não há garantia civil
diante dos escombros da escória.
O cambaio deforma o Brasil
sacripanta da turba corpórea.
A conjura sombreia a manganilha
do sorrateiro merca-honra
ardilão de má rés bandurrilha.
Cheringalho da pouca-vergonha
Canzoada concussionária
nos conchavos de cartas-marcadas
conventículo do padre-mestre
caramboleiro da mancomunada.

Cambeta ordinário mangalaço
trincafio de malícia e arrebito.
Sansadorninho em cada compasso
pérfida comparsaria do cocito.

Pulha merlim marmanjo
infâmia do pilantra pícaro.
Mil picarias de levantes oníricos
marotagem do infernal arcanjo.

Dissimulado bronco e sombrio
na arapuca o marralheiro.
Faz da politicalha a tropelice
da falcídia o sorrateiro.

Xendengue lícia de mutretas
os quartos estão chaveados.
Escondem os lobos e lobistas
no ordinário dinheiro roubado.

Espúrio e maluco traidor
bandalho da malícia o charlatão.
Rouba do povo o pouco que ganha
o cambalacheiro bonachão.

CAMINHEIRO

No caminho do meio
Ou descaminho dos sentidos
Desloco o lugar do meu alcance.
No relance não sei aonde vou chegar
Se no meio do caminho
Ou no caminho do mar.

Há sempre uma luz na escuridão
Há sempre um ruído no silêncio
Há sempre uma figura em meio ao caos
Há sempre um olhar com outros olhos que não os meus.
Há sempre o farfalhar de uma rima na passagem do vento.

Enquanto o tempo sopra de direção em direção.
Enquanto a lua não vem
Olho o sol na penumbra.
Onde há sol
Há sombras.

Decido no indeciso
O caminho serpenteado
Em meu ser dos outros
No espaço de uma estrela azul
No fim do universo.

Pés a pés
Rés a rés
Eu chego lá.

CAMINHO

Romaria de romeiro
Pelo sol escaldante.
Poema de poemeiro
De andar bem elegante.

Em cada grão do caminho
Caminhos de descobertas.
Livro em páginas abertas
Loa de rei e de reizinho.

Mundo que vive do mundo
Em cada caminho de paz.
O saber é mais profundo
O querer valente apraz.

Poemeiro mais valente
Vale mais o quanto pesa.
O texto tudo consente
Luminescente se preza.

CAMUECA

Um grande espanto levei
fiquei com muita apatia.
Um achaque presepeiro
macacoa da geomancia.

Ressaca de boemeiro
torpor de maga magia.
Assombro da luz astral
até demonomancia.

Não há remédio de cura
nos diz a sabedoria.
No vale da depressão
a mão da quiromancia.

Indolência na moleza
estupor da fantasia.
Não vale a veloz alteza
mimosa ornitomancia.

CANÇÃO DA ARARAJUBA

Minha terra tem palmeiras
tem as palmas do açaí.
As aves que aqui beliscam
o tucano o araçari...

Já se foi a Ararajuba
do seio da Natureza.
Desde a flor da carnaúba
a sazão sem madureza.

Já morre o verde-amarelo
o ouro da grande Nação.
Vai o verde da floresta
a Amazônia sem pendão.

Nosso pendão da esperança
auriverde da Bandeira.
Que não seja só lembrança
da existência mais fagueira.

A gente fana sem fauna
a gente aos poucos se mata.
Morre a vida morre a alma
morre a lua a serenata.

Vão-se as estrelas as flores
a constelação do ser.

Vão-se os bosques os amores
a galáxia do viver.

Minha terra tem palmeiras
tem o miriti o inajá.
Tem as plantas cantadeiras
a samaúma o jatobá.

Ó que exílio mais perverso!
Desta vida mais poluta.
Vil desterro do universo
viver sem a Ararajuba.

CANCIONEIRO

A arca do arcaico
de luz iluminada
ilumina
o tempo que foi
navegante que é
memória das velas
palavra signo da estrela rara
panorâmica
mergulha ao som instrumental
da lira
alaúde
no Tombo da Torre.
Espelho inscrito no sirgo
e nas genealogias do calendário
o fundamento vernacular do ser literário.

CANETA-TINTA

Inda há tinta na caneta
Inda devo escrita além.
Inda viro a ampulheta
Inda terém vem de trem.

O trem tem-tem vai-e-vem
Faz fumaça o fumaceiro.
Vou andar o mundo inteiro
Na minha caneta o trem.

Inda há tinta na caneta
E na caneta inda há tinta.
De caneta a gente pinta
Nos teréns desta meseta.

A caneta deu na veneta
Mais a pinta que se tinta.
Pinta até a caixa-preta
O dalém também se pinta.

CANOA DE ABAETÉ

Pode ser de Abaeté
a canoa de vela cáqui.
Nos mostra que tem sotaque
na panagem pangaré.

Pode ser de Abaeté
a canoa de mastro alto.
Verga de apoio em ressalto
na grimpa o espia-maré.

Pode ser de Abaeté
a canoa largo-porão.
Na proa figura o bordão
mais comprido o gurupé.

Pode ser de Abaeté
a canoa de argamassa.
Vence a onda mais devassa
de entalhe contramaré.

É mesmo de Abaeté
a canoa no Ver-o-Peso.
No vaivém tem por vezo
vela ao sol chama maré.

Peixe-seco traz cachaça
pra Belém da alegria.

Espírito e fantasia
viva aguardente entrelaça.

Leva trigo e mantimento
nessa história a comunhão.
Abaeté tem por sustento
a memória no coração.

CANTANTE

No ponteiro do horizonte
O poema ponteia no tempo.
No vento a sorte desponta
Consorte do cruzamento.

Destino de lume vago
Maré com rumo navega.
Crer no que o mágico é mago
À linguagem se congrega.

Nos verbos de sol a sol
Pesco palavras mutantes.
E no tempo ouso dizer
Todo rio tem seus mirantes.

Palavras pesco de rede
Lanceio muitos cardumes.
E no enredo sou-me ledo
Estilizados costumes.

CÂNTARO

"O cântaro está à espera da fonte."
JOSÉ SARAMAGO

O rio navega altaneiro
não tem nada a confessar.
A flor precisa de rega
ao festo desabrochar.

Não é preciso oração
voa na veia o beija-flor.
Virtude não é pecado
beijar é caso de amor.

Todo rio nasce na fonte
a vida nasce na flor.
Nos seduz o ventre livre
áurea deste esplendor.

Canta o cântaro o destino
jorra a jarra no carnal.
Sempre é tempo do encantado
vela a vida o castiçal.

CANTIGA

"Roseira, dá-me uma rosa
Craveiro dá-me um botão.
Menina dá-me um abraço
Que eu te dou meu coração."
Anônimo

Quando tua flor florescer
Da manhã num arrebol
Deixa a tua virgindade
Assim nua assim crua
Em dois gentis oratórios
Um voltado para o sol
Outro voltado para a lua.

CANTO

No favo do canto
viver é cantar.
É sonho de manto
fonte do sonhar.

O colar de rosas
impede a solidão.
Chama luz aos olhos
luz no coração.

Viola sonora
inflama o cantar.
Velame de vela
flor-desabrochar.

Mel dessa aquarela
na voz maviosa.
Tudo se modela
no cantar da rosa.

CANTORIA

A pipira pipia
o soí soía.
Bem-te-vi bem-te-via
o sabiá sabia.

Pipiassoía
bem-te-vissabia.

Arromba o sol
na festa da manhã.
Já cantou o arancuã
arancuando-se da lua.
A lua foi embora
veio a festa da alegria.
Arrula a rolinha
acorda a maria-judia.
Murucutututututu...
a coruja ainda coruja
mas não tem vista para o dia.
Eu também sou passarinho
nesta roda de cantoria.

CAQUIADO

Mote à mote da palavra
Macaquice e macaquear.
A síncope vem da lavra
Do jeito de simular.

Remedar sutil trejeito
Bufonaria de bufão.
Dança a cócega no peito
No vão da repetição.

O simulacro se incrusta
De mugangas e gracinhas.
Pá-a-pá santa justa
Como a estrela pastorinha.

CAQUEADO

Vou fazer um caqueado
na muganga de macaco.
Tirar verso sincopado
momo de balacobaco.

Macaquear o colóquio
com trejeitos culturais.
No rondó do circunlóquio
em movimentos corporais.

Macaquice é palhaçada
a careta coisa exótica.
Sutileza que animada
pictórica mão erótica.

CARAMBA

Veio uma tempestade
o tempo foi embora
no agá da hora.
Fiquei na corda bamba
no meio da ventania
e agora passando lamba
não sei se é noite ou dia.
Vupt vuuuuupt vuuupt...
Apelo à sensação vocativa
desse ruído interposto
na ironia do tempo.
Puxa vida! Uma mariposa
passou toda encharcada
tirando sarro.
Essa mundana da noite!
— Carajo!!!

CARAMINGUÁ

Em treco-treco tereco
Tilinta o balangandã.
Quimbembeque cacareco
Panderica bambambã.

Pendular penduricalho
Berloque berenguendém
Badulaque pendurado
Trincoleja nhenhenhém.

Que chocalho pendular
Das orelhas o pendor
Xurumbambo a retumbar
O bagulho ostentador.

Dixe que adorno quimbembe
Cacaréu quase espantalho.
Gema de enfeite pingente
O barulhento barbalho.

CARAPETÃO

Capeta carapetão
É do cão o carapeta.
Carapeteiro e vilão
O cara-de-pau na peta.

Cara-metade caturra
Amigo da amigação.
Disfarça na caradura
Crava a vista no mirão.

Na curveta do remanso
Nada faz capigorrão.
Caricato de balanço
O soberbo taralhão.

Patarola maranduba
Patarateia a mentirola.
Cria inventa nova juba
O carola encaracola.

De lampana fabular
Caracoleia na balela.
Roda rodeia além-mar
E ronda no arco-da-velha.

Honeymoon é lua-de-mel
O cara papel-queimado.

POEMAS AMAZÔNICOS

Teiró de menestrel
Consorte malbaratado.

Toma cuidado!
Antes que cases
Cata o que fazes
No enluarado.

CARATAÍ

Todo o esqueleto de osso
na costa armado ferrão.
Pequenino mas colosso
Virgem!? Que endiabrado arpão!

O próprio nome nos diz
vindo da Língua Tupy.
Lança corte e cicatriz
o escrivão carataí.

O ferrão que como dente
mais deflora muita dor.
Morde que morde na gente
escreve na pente o amor.

CARAVANÇARÁ

Alvorece sem alvoroço
Na estalagem Caravançará.
Pousei na noite desértica
no armazém de palavras
livre de qualquer perigo.
Faço da seda fina meu melhor
Negócio.
No alvor sigo minha viagem
Seguro de mim: Estrela da Manhã.
Seguro de negociar minha mercadoria
A contento.
Tropéis algazarras estrilos
Balacobacos quinquilharias
Bugigangas... nada disso.
Como disse: sou mercador de sedas.
Tecido fino para vestires teu corpo nu
E tua alma florida com amor e alegria
E teus desejos de seres como os arrebóis:
Feliz no nascente
Feliz no poente.
Assim sigo a caravana...

PIRACEMA

Cardumes de versos
Peixes nadantes
Piracema de nexos
Em saltos flutuantes.

Murmurante o rio
Bem se afigura.
No íntimo amavio
Afasta o calundu
De ninar na lua.

Nave do planeta anil
Etéreo som eterno
Do rio que venero
Sábio e varonil.

Contra a correnteza
Subo à cabeceira
Semear com firmeza
A semente violeira.

CARRETILHA DO BRUXEDO

Coisa-feita bruxedo
Catimbó feitiço
Fogo afogadiço
Triste bicharedo
Nada vence o medo
Desse canjerê.
Cachaça de cana
Ou marapuama
Do bambaquerê.

CARRETILHA DO FEITIÇO

Fui enfeitiçado
Pelo Bicho-pau
Caruara é mau
Pelo mau-olhado.
Estou quebrantado
Por dor inchação
Que triste feitiço
Nada tem juízo
Sou só comichão.

CARRETILHA DO CAVALO-MARINHO

Já vi o Cavalo-Marinho
A trote em Vila de Beja
Beleza que faz inveja.
Tem pinta de celestino
Muita luz no figurino.
A crina é resplandecente
De mistério singular
Cavalga na lua-luar
Cauda de ouro reluzente.

CASA DE FARINHA (1)

Idirimi ritini
Panicacá ó aramá
Pererá ne obitubi
Aricogó boricá

Noá tó peco ne neco
Cifereco neco-nico.
Areco tó jurutito
Siconaco ó peteteco.

Urucuburu mumó
Ticonem nembabará
Tucuru lemberebé.

Jatini manicocó
Totenico cacadá
Berebé té bererê.

CASA DE FARINHA (2)

É na Casa de Farinha
a fábrica da poesia.
Enigmática da roça
regada ao solar do dia.

Nós Manihot utilíssima
meio terra no energético
ao sol de muito calor
rústica do ser magnético.

No plantio da mandioca
maniva sobre maniva
capina sobre capina
a colheita jurupoca.

Rala rala a mandioca
tira tira o tucupi.
Põe no forno a maçaroca
mexe mexe a coisa em si.

Quanta potência se gasta
pra tirar pouca energia.
É como fazer ginástica
co'as palavras na poesia.

CASA DE ORATES

Em regras de vida ungidos
dementes do coração.
Os eunucos dos disfarces
encômio de mão em mão.

De cômica castidade
o sino bateu o gongo.
Segredos de orates frates
corrida de camundongo.

Frateria de frei e frade
anatomia de fratim.
Fraternidade sem viso
picadinha de querubim.

Padre-mestre o capelão
assiste à capelania.
O monge ora no convento
põe manto na vilania.

Na casa de orates frates
de frei frade capelão.
Mora monge mora padre
disparate é comunhão.

CASACA DE COURO

Alma mimosa Jurema
angico do catingueiro.
Tataré o sertão emblema
vive o mágico espinheiro.

Entre espinhos o encantado
dos encantos do sertão.
Vive a vida afortunada
do Nordeste o galardão.

Na Jurema o passarinho
clama a Casaca de Couro.
Vem tecer a casa-ninho
fato ao fado casadouro.

Querência do coração
quem ama tem o cuidado.
Bravo cuida do rincão
quem ama quer ser amado.

No ninho feito e fundado
abrigo do amor-novelo.
Se fia na fé o fado
tecido com muito zelo.

Nos ventos da arribação
o amor eterno tem fim.

O macho arriba varão
fica a fêmea no clarim.

E quando o macho retorna
daquela festa avoada.
Entra no ninho por norma
a fêmea fica calada.

Logo vai buscar graveto
e cose a boca do ninho.
Vai cerzir o amor soneto
costurar novo destino.

Fica o macho na prisão
do ninho a boca fechada.
Mal a parte o coração
apaga a luz luminada.

Canta a fêmea de angústia
em canto sublime e místico.
Do lado de fora augusta
seu amor é cabalístico.

No amor de fidelidade
não brilha mais o vigor.
No capuz doutra deidade
não resplende o redentor.

Canta a fêmea de paixão
canta canta se despede.

Estraçalha o coração
tremula um novo Éden.

Dia a dia a noite apruma
o leito à flor que fenece.
Chora a Jurema a fortuna
a noite escura anoitece.

Trila e suspira a cantiga
morre o macho em prostração.
Canta a fêmea em despedida
morre de amor e paixão.

O que aqui não foi eterno
na terra do carrossel.
Fica escrito no infinito
perene será no céu.

CASCATA

A palavra despenca
em queda exuberante
como uma cascata.
Em cada letra uma fonte
se reinventa fogosa
deleitosa charmosa...

Riacho abaixo corre criativa
rio-afora-foz mais oxigena-se
nas escrituras das ondas
nos reversos dos remansos
nas proezas das correntezas
nos universais dos oceanos.

E assim no rio-mar
respira e suspira ondulante
no ondeante mar-amar.

CASINHA ANIMADA

Quem casa quer casa
Quem ama quer cama.
A cama quer brasa
A brasa quer chama.

CATEDRAL

Voga a seita a bando
Na catedral.
Fama e poder no púlpito
Em assento a assembleia.

O vilipêndio esconde a tempestade.
Deuses portam armas
Espadas e lanças afiadas
Para invadir a terra o sal o mar
Ao som lúgubre dos sinos ao bronze.

Pilhagem sexo estupro...
As musas na orgia.
Nesse império impera o prazer
E a futilidade da oração.

Vagas tirolesas nos vitrais
Facetas de ilustres carnavais.
Em meu olhar atento contemplo
A vilania.
Sigo meu regato
No caminho são
Faço meu destino.

CATIRIPAPO

Está na palma da mão
o bofete que entretém.
Bofetada é diversão
na catira do meu bem.

Catimbó o teu feitiço
catimbau defumação.
Catirité vem comigo
com amor no coração.

Na dança do nosso embate
bato palma e bato o pé.
Catita é a tua beleza
não vamos de marcha-à-ré.

Não gosto de catiroba
teu encanto eu sei porquê.
Pancada leve não dói
vamos de cateretê.

Minha Nau Catrineta
navega no mar do sopapo.
Vento rola violeta
me dá um catiripapo.

CAVALHEIRO

"Menos ama quem só fala de amor."
Shakespeare
"Amar se aprende amando."
Carlos Drummond de Andrade

Cavaleiro de Verona
namorei a Prima Donna.
Andei entre pedregulhos
arremessei mil pandulhos.

Menos ama a namorada
o tagarela do amor.
Amando se aprende amar
depois do solar se pôr.

Cantar o amor é mais cauto
ante a lírica razão.
O coração mais cordato
no íntimo da emoção.

Fui ao palco de Verona
na arena do Coliseu.
Amparei a gentil dona
a Julieta do Romeu.

Quem só fala não compraz
amor caminho de pedra.
Amar só consente amar
sem amor nada se enreda.

Só com palavras o amor
não se firma no comando.
O amor guarda-se em dolor
amar só se aprende amando.

CAVERNA

No fio do discurso
o cio
abre o céu
com o facho noturno.
Espaço do astro
reflexo.
Na caverna úmida
a palavra lambe os sentidos
da relva ávida.
A escritura subterrânea
exprime a terra passional.

CAXIRIPAPO

Caxiri licor de mandioca
Bebida de beiju-açu.
O quem-bebe se alvoroça
Parece a surucucu.

Sururucuteia na oca
No papo que puxa o saco.
Gole em gole a pororoca
Vem que vem valente taco.

Caxiri que toca o taco
Valente na pororoca.
Desemboca na dondoca
Ardente caxiripapo.

CAYEIRA

Lá da beira do rio
Se tira o cumaty
E se faz a infusão
Pinta-cuia coisa-em-si.

Põe depois no paricá
Vem a pinta de urucu
Carajuru curitauá
Tabatinga luze-cu.

Kai kai o fogo no forno
Na quentura da cayeira.
Pronta a cuia com adorno
Ou pitinga vai à feira.

Que cuia mexeriqueira!
Prestativa no maná.
Abre toda sua bandeira
Pra servir ao tacacá.

Que cuia engomadeira!
No jambu no tucupi.
Que cuia namoradeira!
Camarão do bem-te-vi.

CELESTIAL

Sonhei ser alegoria
lição sabida do ser.
Sol que colore o viver
no cosmo da criação.

De asas tecido o poema
vai direto à estratosfera.
Perde o corpo no dilema
alma vaga na quimera.

Pintei uma nuvem branca
no céu ornado de azul.
Voltas rolando a ciranda
alba tinta que não burla.

O celeste alou seu azo
a luz do sol se enamora.
Pôs o vermelho no ocaso
cantiga de amor na aurora.

CENOURA

Perto fica aquém e além
No lavorar da lavoura.
O bem que em nós entretém
A fantástica cenoura.

A cenoura vem de chifre
Bem com chifre se parece.
Em vista disso é prolífera
Bem saborosa apetece.

Também chamada carota
De energia ancoradouro.
Alimento poliglota
Não logra o seu logradouro.

Estimulante do olhar
Em visita sensual.
Na salada do manjar
Rola o consubstancial.

Transita legal no trato
Cozidas só no vapor.
Na pele não deixa rastro
Calca mais cálcio no amor.

Adensa sódio potássio
Gera muita vitamina.
Acorda ao distinto enlaço
Quem mais avinca mais finca.
Em suco sopa suflê
Não descontrola a pressão.
Mesmo no bambaquerê
Não maltrata o coração.

Crua na salada in natura
Em óleo virgem de oliva.
Cativa em justa ternura
Sensitiva roda-viva.

CÉTICO

Ártico glacial antártico.
Os deuses áticos
do Ateneu o arremate.
É melhor cantar o rio
ou uma estrela involuntária.
Não sei a origem das minhas
sobrancelhas acima dos cílios.
Todos os valores são fecundos
antes do caos vem o sinal.
Quero as paisagens de outrora
das gloriosas reservas da memória
impregnadas em minhas retinas.
Quando a noite
for trocada pelo dia
será uma injusta inversão do futuro
e todos os destinos serão cinzentos.
A involução do reinado
será o invólucro do espetáculo.
É... Estou meio empirrado
mas veemente:
Onde não há emoção
a flor da razão fenece.

CHAPÉU

Comprei um chapéu
Panamá.
Bem feito para adocicar minha cabeça
sob o visual
inclemente do sol.
Minha cabeça detalhista
juntou todos os livros
— pássaros livres —
para o pensar nas abas
em bordados carnais.

Na solidão
meus cabelos em espumas grisalhas
enlaçaram na cadência dos meus passos
tudo o que é futuro.

Absortos
meus olhos tentaculares
buscaram mãos para acenar
aos signos cantantes
a melodia mais adequada
à fantasia da carne encantada
e pronto.
Fui ao gesto como um pássaro imortal.

CHEIRA-PAU

Eita-pau estou assombrado
eita-pau do Pau Pereira.
Disse o palhaço engraçado:
— Vais cheirar pau de bobeira.

O circo não sai de moda
do folgado fanfarrão.
Saltimbanco da anedota
burlesco e brincalhão.

Todo o mundo se diverte
riso riso o paraíso.
Ele é esperto e solerte
e fantoche do sorriso.

Funambulesco na corda
bamba o barrete na mão.
Burlantim quase calhorda
quem cheira-pau é bufão.

O nariz é de Pinóquio
com segredo une os caminhos.
O nosso mundo é utópico
cantigas de passarinhos.

CHICOTE

Sem vesti-lo mete capote
esse ladrão desnaturado.
Na prisão encarcerado
lesa língua de calote.

Mete fogo na gente boba
de véu inflamado decote.
Tem o dedo na canzoada
diz que a farândola é dote.

Tem na língua o lingote
veste a turba da falange.
Arvora a mamparra em transe
no rabo preso o picote.

Vira e revira o rubicundo
dá cambalhota e pinote.
Sempre foi vagabundo
pela mão suja de magote.

Mira e atira a vil quadrilha
malsinada no cangote.
Tudo está sacramentado
nem que venha sacerdote.

CHICOTINHO QUEIMADO

Já escondi o teu brinquedo
Só eu sei em que lugar.
Encontrá-lo é bom folguedo
Por que não o procurar?

Está frio! Está gelado!
Na brincadeira de amor.
Está quente! Está fervendo!
Ele é o nosso trovador.

Está quente! Está gelado!
Está frio! Está fervendo!
Ele gosta do encantado
Só por isso está vivendo.

Está frio! Está frio frio!
Procura noutro lugar!
Senão me dá calafrio
Não vou poder sonhar.

Está quente! Está quente!
O vibrante sonhador.
Procura-o no onisciente!
O mais belo cantador.

Já ferve! Está fervendo!
Já me anima a animação.
Ó chicotinho queimado!
É só teu meu coração.

CIBERNÉTICO

Além do mundo
antiaéreo
o mistério
nas cortinas do olhar.

O poema rima no vácuo
que ficou da extinta flor.
E tudo ficou opaco
na rocha depois do amor.

Vida de poeta
que consinto
eu sem mim.
Alma que arquiteta
o indistinto
querubim.

CINE NATAN

Vem da nata de Nathá
O nome Cine Natan.
Prenda do céu: Oxalá!
Dádiva de Aldebarã.

E tive eu o dom de ver
Eu menino croatá.
O cinema acontecer
AH! Ele deu-me o alvará

Roy Rogers Gene Autry
Gary Cooper John Wayne.
Os bravos cowboys marotos
De bravura e muita faina.

Cine Natan pôs-me ao tom
Deu-me um presente de rei.
Dom da via sine qua non
Via da vida meu fair-play.

CINEMÁTICO

Uma estrela beijou a lua
no noturno horizontino.
Madrugada trespassada
alta de assombrações.
A mariposa achou tudo sincrético
e sacou uma flor do jasmineiro.
Deixou-a no ninho do sabiá.
Estranho e escalafobético
cedinho a mãe sabiá
cantou a alvorada
e jogou a florzinha branca
num vaso vadio.
Eu cantei o Hino à Bandeira
sob estilhaços de nuvens
no céu varonil
estramboticamente desbotado o azul
sem as nuances do anil.

CIPONÁRIO

Na mata virgem
ramos e folhas
num grande apego
fazem folhetim.
O cipó-açu
nasce do tapecuim.
Em estilosa maneira
o cipó-titica
nasce da tucandeira.
Tudo é sintático
no entelaçado agasalho.
O cipó-d'alho
espanta o encanto
do boto namorador.
O cipó-do-coração
cuida bem do teu amor.
O cipó-cururu
de olho no lance
lança a branca-flor.
Por fim no sem-fim
de cipó de aqui cipó de ali
e diante do malsim do homem mau
para que a seiva de viver não se perca
aparece o cipó-que-mata-a-sede
o famoso cipó-muruteteca.

CÍRIO

Jones foi nas ondas do rio
Olga foi na Canoa Abaeté.
Ele venceu o mar bravio
Ela a corrente da maré.

Na vida há muitos lenitivos
No céu azul há muitos portos.
Vivemos na alegria dos vivos
morremos na saudade dos mortos.

CLARABOIA

Enigma de claraboia
cadafalso
do mais íntimo acorde.
Meu relógio de quartzo
no corpóreo
e sano corpo meu
escreve o que os meus pés
ditam no chão.
O futuro de antemão
não tem futuro.
Não há nada escrito
nem circunscrito ou decidido.
Em cada compasso
uma passarela
resiste aos lapsos do tempo.
Vou à alfaiataria
medir o molde de um terno
um fato novo.
Na sapataria compro um sapato
estilo Oxford.
Visto-me.
Ouço acordes na cúpula do vento.
O agora é o sempre do amanhã.
Resisto.
Preservar é resistir.

CLUBE DO REMO
de Evandro Almeida

Bola na bola
Bola no jogo
Bola na bola
Rola no fogo.

Bola na bola
Bola no show
Bola na bola
Rola no gol.

Bola na bola
Bola no pé
Bola na bola
Rola no olé.

Bola na bola
Bola no rol
Bola que rola
No futebol.

Bola que rema
Remo supremo
Bola remada
Clube do Remo.

Bola na bola
Rola bolão
Rola que rola
Ronca o Leão.

Bola na bola
Rola no chão
Bola na bola
É Campeão!!

COGUMELO

Em um tacho dogmático
micélios de mistérios.
O reino da tentação
revela as leis dos milagres.

Filosoficamente sonâmbula à noite
noturna-se para chorar o mundo
o mundo mundano
a morrer de morte lenta
lentamente sem lenitivos.

Antígona melancólica a coruja
pousa perto de uma flor que sorri
na noite de luar.

COISA DA MOCINHA SOPHIE

— Oi, Vô!
O Sr. não quer pintar os cabelos!?
— Pra que pintar os cabelos?
— Eles estão brancos branquinhos!
— Ah, não! Mas de que cor?
— Posso pintá-los de preto ou vermelho
se o Sr. quiser.
— Não. Eles são italianinhos.
— O quê?
Aproveitei o momento para reavivar
a memória:
— Olha Sophie os meus cabelos brancos
não são apenas da idade. Eles são principalmente
herança do meu avô Giulio Calliari. Imigrante italiano
vindo de Treviso, cidade linda perto de Veneza no norte da Itália.
— Ummm!
— Já pensaste como eu iria ficar de cabelos pretos ou vermelhos?
— Eu sei. Seus cabelos iriam ficar
tipo ROCK N' ROLL.
— Ahhh!
Logo à noite de Natal cantei para a Sophie
numa comemoração de plateia seleta
músicas do Credence Clearwater Revival.
"I wanna know have you ever seen the rain?
I wanna know have you ever seen the rain.
Comin' down on a sunny day..."
Yeah!!!!

COISA NOVA

Alter ego o mundo antigo
Ao lado do mundo novo.
Quase nada está perdido
Tão vetusto como o ovo.

No ovar do ovo novo
Velho ovo do mundo
Ovo que vem novo
Gênito e rotundo.

O novo que foi antigo
O ovo mais velho do mundo
No ovo novo está tão vivo
É lenitivo e gerúndio.

Ovo povo no novo
Povo no ovo novo.
Recovo do novo
Ovo do renovo.

COISA (1)

Um quê querer encarnar o intangível.
O único ser humano que não é coisa
é a coisa de ser humano.
Porque coisa é coisa
e ser humano é ser humano
nos lances nas peripécias nos acasos nos fadários...

Mas a coisa do ser humano
a coisa reveste-se de coisas inefáveis
e inefáticas.
Então o ser humano é átomo elétron
coisa ondulante espasmódica convulsiva...

Uma coisa tática quase e sempre orbital
sinal de que ser humano é uma coisa sem coisa?
Aquarela de querelas
que a coisa não desvela em ser coisa.

O pensamento carrega a coisa como um fardo do fado
sinal e azáfama do etéreo niilismo do lugar no espaço
ocupado pelo pseudo sem nascença.
Passe-passe de que coisar é cozer a lateralidade dela mesma
a coisa na crendice do descozer o revestimento dentro dela
como se dentro dela houvesse algo concreto mas discreto.

A coisa é extravagante por não estar sujeita à gravidade
do infinito.

A coisa é mirabolante. Ela admira o concreto dela mesma como razão
para acreditar na sua própria transcendência. Evoca o dragão como
demonarca no pandemônio deste mundo de serpentes venenosas.

A coisa é ideóloga. Parente sanguínea da política da coisa-voto.
A coisa é cleromântica. Encanta-se com sua própria magia de ser
coisa nula farsa vacuosa. Ledamente sorri por ser devota crudelíssima
dela mesma que vota contra ela mesma.

Como alma a coisa não está nela como coisa.
Está nas outras coisas como amálgama transfusional
da fantastiquice. Bulha do demonázio fanático
encantado pela benzedura. Fascinado pela abusão.

A coisa mosaico de cousas a lousas
missível coisa da excitação não sensitiva
mas que sente ela mesma
aos olhos imagéticos do desejo
as marcas dos excessos não corporais.

A coisa é coisa balofa
fofa e intransigente.
Ontológica e de cadência inerte e fria.
Tirei uma fotografia dessa coisa e todas
as vezes que a vejo
vejo-a contorcendo-se como se estivesse

sobre as ondas de um mar gelado.

A noite deitou-se numa nuvem
com os pés no chão.
Dormiu seu sono sagrado
para o sol nascer esplêndido.

Há tantos deuses na terra
quantas as estrelas no céu.

COISA (2)

Comidas divinizadas
Do sagrado e do profano
Nos cultos significadas
Ao comer cotidiano.

Comida de santo Axé
Oferta-se o abará
Dendê cará acarajé
Caruru milho acaçá.

Canjica coco pipoca
Camarão apimentado
Frutas mel e feijoada.

A potente mandioca
Alimento energizado
No transe o mito de alçada.

CON TE PARTIRÒ

Con te partirò
contigo partirei
de canoa pelo mar.

Con te partirò
contigo partirei
livre no velejar.

Con te partirò
contigo partirei
em vista do sonhar.

Con te partirò
contigo partirei
ungido pelo amar.

Con te partirò
contigo partirei
com sol e com luar.

Con te partirò
contigo partirei
nas vagas do mar a vagar.

Con te partirò
contigo partirei
longo ao longo azul do mar.

CONTO-DO-VIGÁRIO

Vigário é ser contista
de histórias afamadas
em que nunca são passadas
o tempo presente à vista.

O tempo presente à vista
vive o golpe da esperteza.
Assim chamam vigarista
o mentor de tal proeza.

O mentor de tal proeza
é de ardiloso pensar.
Tem no Livro a realeza
sabe bem trapacear.

Há muito tempo perdida
a imagem da Santa Bela.
O vigário zás revela:
— Vou dar-lhe melhor guarida!

Para bem trapacear
meteu a santa no burro.
E num rápido sussurro
— Sabes aonde vais chegar!!

— Ela vai pra santa igreja
da nossa amada Pilar.

Trás! — Para que eu a proteja
ninguém vai-lhe judiar.

O burro já bem fanático
um simplório tabaréu.
Num meneio majestático
levou a santa pro céu.

Levou a santa pro céu.
— Não!! Leva pra minha igreja!!
Só eu sei como se maneja
essa gente povaréu!!

— Levei a santa pro céu
entreguei-a lá no eterno.
Ela está bem majestosa
aqui pelejas no inferno!!!

CONTRITO

Bato asas pra voar
Amorar mais que sabor.
És a rosa mais formosa
Nos teus olhos vejo amor.

O tempo que é do momento
Já perfuma a brisa leve.
O tempo busca no tempo
Ao pé da letra o mais breve.

Quero seguir o destino
Sigo no rumo contrito.
O teu cheiro já distingo
Bato asas pro infinito.

CONVERSA AFIADA

Estava em Copacabana
Andando no calçadão a olhar o mar
Os homens as mulheres
Naqueles vaivéns de múltiplas formas
E sentidos de variadas índoles.
Matrizes de amoldar a urbanidade
Nos modos e sorrisos de encantados pensamentos.
Ai!! Que contemplação animada!

Lembrei-me de Drummond.
Aquele homem calmo e paciente parecia homem.
Disse-lhe: — Estátua!!
E ele lúcido respondeu-me: Hein!?
A adrenalina subiu-me pelos pés percorrendo-me o peito
O coração a boca o nariz os olhos... as mãos.
"Estou louco!? Pensei.
Argutamente ele disse: — Não!!
Refiz-me lentamente. Ele perguntou:
— Gostas de poemas?
Este homem feito de ferro carne sangue
Cérebro... está vivo.
— Sim. Eu gosto.
— De onde vens para onde vais? Bem!
Não precisas responder. Somos do mundo
E de todos os lugares.
— Gostas das palavras?
— Sim. A riqueza do poema vive no âmago da palavra.

— Não só! A palavra tem coração tem nascença...

A gente deve saber de onde ela veio e pra que serve no dicionário

e fora dele. Cada palavra tem um ninho igual ao do passarinho.

A palavra canta grita sorri e também fica triste acabrunhada...

Ela tem momentos de lucidez. Às vezes fica obscura. Mas nunca deixa de ser

Encantada em qualquer situação. Pura impura porém sempre obstinada.

Ela de qualquer modo sempre cumpre o seu papel.

— A palavra tem por essência a virtude de ser necessária.

— Não somente por isso! Por certo que a essência da palavra está fora dela.

Está no seu óleo no seu perfume no seu aroma na sua fragrância... no seu

Jeito de nos animar de nos encantar de nos iludir.

A palavra tem histórias desde os primórdios da humanidade.

Tem inúmeros incontáveis focos comunicativos

Nas vozes dos deuses nas vozes dos profetas nas vozes dos filósofos nas vozes

Dos professores... e principalmente nas vozes do povo que é quem realmente

Faz a língua que fala.

— Concordo plenamente. A palavra encontra a lavra mais fértil nas vozes dos poetas.

O poeta que é poeta a subverte de modo a imprimir-lhe conotações significantes

Ao seu significado usual.

— Quanto mais remelexo mais a palavra vive!

— Poxa! Gostei. Trouxeste a chave!! P L K X

CONVERSA LITERÁRIA

— Ei, Borboleta!!
Diz o Camaleão: Olha como eu mudo de cor!
O Camaleão ficou verde, depois azulado e em seguida marrom.
— Ah, sim! Tu sabes muito bem te enfeitar. Mas me diz uma coisa.
Por que o teu nome é Camaleão?
— Porque eu sou um leãozinho. Leão anão como diziam os antigos.

Um poeta que estava no jardim viu e ouviu tudo
Perguntou:
— Ei, Borboleta! Por que teu nome é Borboleta?
— Porque vim de Belbellita que veio de Bellus.
Ou seja, porque sou muito bonita.
Não preciso mudar de cor. Sou naturalmente colorida.
E tu poeta!? Por que o que tu escreves se chama poesia?
— Porque escrevo poemas que ensejam poesia. A poesia
Desperta o fino sentido do belo. No belo poético ondulam
incandescências, luminosidades, sonoridades, mimetismo
igual ao do camaleão.

— Puft! Não entendi nada!!
— Ora ora! Muita gente não entende isso.
E outra coisa te digo: Tenho asas para voar.
— Xi! Quem tem asas sou eu.
— Eu sei que és muito bonita.
Mas tuas asas só servem pra bater
Panapaná panapaná panapaná...

CORAÇÃO

O eu não é meu
a mim nem se liga.
Máscara sagrada
é grata persona
que ao nós coliga.

Toco o meu alaúde
sonorizo a lira.
O verbo na palavra
o mundo que gira.

Gira gira-mundo
longa encenação.
O amor mais profundo
não murcha o coração.

O coração não é meu
é o coração do mundo.
Vasto cosmo estrela
do etéreo rotundo.

Nossa voz tem asas
na língua do eterno.
No poema vai e vem
o coração fraterno.

CORALMAR

A palavra lançou-se ao mar
e ocultou-se entre corais.
De tão clara despediu-se do tempo
e do vento.
Libertou-se do efêmero
para anunciar seu amor misterioso.
Mudou o canto
e o espanto.
Repartida entre si armou morada
no além-fundo.
A sorte conta as estrelas
e com elas
coloridas em cada olhar
para o delírio das nuvens.

CORNAMUSA

Alma branca
do pastor da natureza.
Vaga sublime o deleite musical
vindo do fole de vento
nas trompas do tempo.
E se espalha campesino
de caminho em caminho
a sonora diversão.
Sopra no fole o gaiteiro
o saco de couro
no campo inteiro
ao sol do natural verão.
Vive o arcádico coração
na estrela de mirar a flor
palpita o palpitar
na fragrância do amor.

CORPORE SANO

Nel corpore sano
Incorpóreo
Incorporado.

A mente atônita
Atômica entroniza
A essência do dizer sublime
Nos sublimados do poema.

Mens sana
Doidivana.
Eleva-se à luz
Lux do ser não-ser
Daquilo que é pura magia
No estar da poesia.

Bem-te-vi!
Bem-te-vi!
Bem-te-vi!

Fiu fiu fiiiiii...
Fiu fiu fiiiiii...
Fiu fiu fiiiiii...

Ele chama a fêmea:
— Vem namorar!

— Vem namorar!
— Vem namorar!

Amar não é fantasia
É pura e alegre alegria.

CORRÓ-CORRÓ

O sapo saiu da prisão
do esfarrapado corró.
Logo o sapo abriu o papo
fez corró-corró-corró.

O sapo foi ao Arraial
da Senhora Conceição.
Se meteu no corrupio
e virou corrupião.

Ronronante à roda-viva
zumba zunzuna no coió.
Roquejante no roquém
faz corró-corró-corró.

E rodopia com afã
trapo sopapo rondó.
O sapo no catiripapo
faz corró-corró-corró.

Rola rola volta em volta
ronrom corrom no gogó.
Corrupita em viravolta
faz corró-corró-corró...

COSER E COZER

Consuere vem coser
unir uma coisa a outra.
A palavra ao florescer
de amor-amar lavoura.

Coctere faz o cozer
foguear o coração
com haveres e lazer
no florir aclamação.

E floresce e aclama
o cozer abrasa.
O bem que se ama
lavra: o amor embasa.

COTOVIA

Alçada entre o céu e a terra
ala alauda cotovia.
Asa leve de penacho
a soberana alforria.

Dorme cedo acorda cedo
passa a noite sublimada.
Saúda o sol da alegria
do ninho de chão arcada.

Avoa ao céu lentamente
do alto mergulha veloz.
Não augura nem transcende
vibra o relvado em sua voz.

CRISTALEIRA

As rimas do meu rimário
Guardo-as bem na cristaleira
No letrado armazenado
Entre xícaras leiteiras.

Potes copos e tigelas
Os bules a cafeteira.
Manteigueira das donzelas
Porta-lenços paliteiro.

Bandejas e petisqueira
Os saleiros e talheres
Prateleiras sem cinzeiro
Bela estatueta de Ceres.

Vasos de materno amor
Asas de guarda fagueira
Versos: flor da cristaleira
Vista a Estrela d'Alva em flor.

CUCURBITAR

Escrevi a palavra
cucurbitar.
Não sei o destino
nem aonde vai chegar.

A palavra é rastejante
se esparrama pelo chão.
No solário radiante
abre a flor e o coração.

Eu cucurbito melo
ela cucurbita pepo.
Levo-a para o castelo
ela me põe no cepo.

CUCURUCU

Deu a coceira na língua
pra soltar a taramela.
Abrir a boca de ouro
fazer rodeio e rodela.

Puxar conversa não custa
bate zoada na matraca.
Com o dito engole o disco
fala fala e não diz nada.

A palavra em língua solta
o gabola faz a chinfra.
Na conversa faz a gala
não apanha a mão da ninfa.

Bom de bico engole o disco
abre a boca no vazio.
Bom de papo boca afora
cucurucu sem feitio.

CUIDAR

Cuido das flores
E seus verdores.

Cuido da terra
Do que nela se aterra.

Cuido da luz
No que ela seduz.

Cuido do ser
Dele o viver.

Cuido da água
Dela o maná.

Sou engenheiro da luz
Agrônomo do sol.

Sou engenheiro do ar
Retiro do céu o carbonar.

Sobre nós voa o condor
Colonizador.

Sou engenheiro de tudo.
Tudo começa na flor
Inclusive o amor.

CUMPARSITAS

Ciao cio cio
o apito do navio
iluminado de prazer
penetra no segredo das estrelas.
Tenho risos e sorrisos
mas sou todo latitude e longitude.

Altivo cio cio
vicio cio cio.
Colorido eclipse
reprime os ditames do acalanto.

Encapuzado.
Meus ouvidos venezianos
entram no Grande Canal
para apoquentar os saltimbancos das Cumparsitas.

O poder do desejo
é poder de ser.
Envereda sem trégua
nas mutretas do remanso.

CUNHÃS

Cunhã mucu
Menina moça
Come beiju
ainda insossa

Cunhã coaraeyma
A mulher donzela.
É mulher que reina
Não dá muita trela.

Cunhã mendaçaraeyma
Mulher de vida solteira.
Mulher que o fogo não queima
É mulher da ribanceira.

Cunhã mendaçara
Mulher casada.
Usa pena de arara
Só olha pra revoada.

Cunhã çapixara méengara
A mulher alcoviteira
Vive nas brumas da mata
Como mosca varejeira.

Cunhã imena momoxicara
Mulher adulterina

Qual ave de rapina
De seara em seara.
Cunhã têm têm têm
Tem amigo rupiara.
Rapariga do harém
Da oca parauara.

CUPINZADA

Cai a chuva lenta e fina
não tarda a chuvarada,
Sai cupim em revoada
térmita que desatina.

De través não ordenado
voa cupim mais cupim.
Sem tempo largam as asas
arará e o macho quindim.

Amor só se faz com amor
assim o faz o cupim.
Arma o ninho com pendor
de barro o tapecuim.

CURRO-PACO-PAPACO

Papaco-o-paco
papaco
paco
papagaio
papa
gaio
o conto
papaco no papa
o paco no papo.

CUTITIRIBÁ

Catirina foi pro mato
comeu cutitiribá.
Jogou no catiripapo
cutiti no cutiá.

O bem-te-vi bem-que-viu
Catirina lá em riba.
Mundanada todo dia
com o capitão guariba.

Aí tamanha alegria
cutiti no cutiá.
Cutiti no titiri
travo de taperebá.

Catirina foi pro mato
comeu cutitiribá.
Uti utiti cama-de-gato
e embaratou o mafuá.

CUZECUMUNAR

Peneira peneira a bunda
Abana pra lá e pra cá.
Saçarica na jucunda
Fagueira xuá-xuá.

Sarandeia no saracote
Corteja no rebolado.
Sururuca no fricote
Baila no cumungunado.

Leda lasciva animada
Sarandeia no rola-rola.
Bamboleia embalançada
Banda em banda na bandola.

Cucucucurucucu
Quem que pode se sacode
Dança na mamaiacu
Requebra que não explode.

Sacode remexe mexe
Bamba bamba no bamboar
Quem bem tem rabeia e conexa
Vai lá cuzecumunar.

DANÚBIO AZUL

Imagino o Rio Danúbio
azul.
A danubiar valsas celestes
azulando bucólicas flores
encantados fólio-floridos.
Baile romântico no Majestic Drink
da elegante Baviera.
Viena
do aconchego cultural
e do cromatismo sonoro:
Mozart
Straus
Schuber...

No imaginado deito o Danúbio
no leito de águas barrentas
de encher e vazar na beira
beirada da minha cidade.
O Maratauíra não é rio.
É uma enseada verde-amarela
de lanços e lances
do estuário
abecedário
breviário
meandros de silêncio das águas
na estatuária entre-ilhas.

DÉCIMA

O semblante catadura
De cascata catadupa
Parecente catarata
Água se envolve acrobata.
Jorra fazendo algazarra
Em borbulhante fanfarra.
Corre corre requebrada
Segue bem-aventurada
Menina a saia desgarra
Vai-se no rego se amarra.

DENTE DE LEITE

Joguei meu dente de leite
lá em cima do telhado.
Mas fiquei meio sem jeito
do meu dentinho coitado.

Dentinho de olhar o mundo
e o universo também.
Ver as estrelas do céu
sol e chuva e tererém.

Ouvir o miado do gato
no cio de namorador.
No telhado só tem telha
meu dente de leite em flor.

Peço dele um dente novo
muita saúde no lar.
Mais fantasias ao povo
mais cantigas pra cantar.

E quando a lua-luar
vir tocar a serenata
diz ao céu do amor-amar
— Boa noite... Buona serata.

DESASSOSSEGO

"No caminho das sombras
não há estrelas."

No mar do tempo
o sol brilha
na solidão do rio.
Lento o vento leva
folha a folha
em desvario.

Vultos sem porto
em sombras cruentas
no poço do fogaréu.
Não viceja a fonte
não há como sonhar
nas velas do céu.

Há sede e fome
flora de desespero
não há estação.
Saudade vazia
lágrima sem pálpebra
a mão sem mão.

Vasto horizonte
sem nada a ver
no olhar sangrado.

Nesse rio sem fonte
no vazio do ser
o país consumado.

DESDE O OLHO D'ÁGUA

Desde o olho d'água
O rio roça minha língua.
Nas curvas dos meandros
Na dança e na ginga
Na corrente da razão
E pulsa
E inunda
E afoga
Ondeia no meu coração.

Ao sol lampíris
Vejo o arco-íris
Vem bombear água
Pro arco-da-velha.

Todas as coisas geram sentidos
Todas as coisas engendram conexões.
A água d'água
A água vapor
A água neve
A água gelo
De granizo é o teu amor

DEU NA VENETA

Relampejou na cabeça
um relâmpago inconsulto.
Aeromania desvairada
fúria repentina insulto.

Miolo mole sem juízo
a telice é fantasia.
Por capricho repentino
veleidade hipocondria.

Vem na telha uma tineta
um corisco de lembrança.
Gente diz: Deu na veneta
a língua ponta-de-lança.

Vou morar lá na Coreia
onde tem um ditador.
Excêntrico e catacúmbio
um míssil arpoador.

Abracadabra não cura
os males do anacoreta.
Agulha de acupuntura
só fura: Deu na veneta.

DIA DA POESIA

Aos poetas e às poetas da Língua Portuguesa.
Salve 31/10/2018

Poesia brava poesia
o teu lema é ser fugaz.
Animo-te nos poemas
não te escrevo: zás-trás!

DIA DO POETA

Aos poetas que são poetas
meu apreço e estimada consideração
ao lavor literário e à égide de fazer
arte, cultura e sobretudo enriquecer
nossa Língua Portuguesa com criatividade
e muito empenho para atingir a linguagem
literária. Grato.

DIA DOS POETAS

Salve, salve!
Aos poetas no seu dia
14/3.

A palavra tem sentido
uma palavra qualquer.
Uma flor passo ao Cupido
flor do amor vira mulher.

DIABO A QUATRO

Diabo a quatro
Com quatro diabos.
No anfiteatro
Nos arranca-rabos.

Alma do diabo
Escalda-rabo
Bafo do diabo
Arrebita brabo.

Manto-do-diabo
De cabo-a-rabo
Dedo-do-diacho
Que cão macabro!

Rabo-do-diabo
Não mata barata.
Ó que espalhafato
O tiro vai pela culatra.

DIATRIBE

O diabo vive solto
em poluto violento!
A mordaz filosofia
abomina o próprio vento.

Sou da minha opinião
nós fazemos o destino.
Cada qual no seu caminho
ser feliz quer a paixão.

Vitupério ofensivo
nossa honra a toda prova.
A calúnia vai pra cova
sem libelo apelativo.

Tirar a coroa do rei
não é ser medieval.
O rei quer mandar a sós
com sua laia sem aval.

DINAMENE

Nasci azul
no verde dos meus olhos.
Cambiantes mares
malabares à longe-vista.
Lustre do meu retrato.
Assemelho ao espelho
de reflexo delirante
na curvatura do planeta.
Brindo com as bacantes
nas taças de cristal o vinho
tinto das ninfetas
para livrar-me do labirinto
do canto-flecha da sereia sagitária.
Lendária lente nos orbitais dos meus olhos
feitos de luz e lunetas.

DINHEIRO EM PENCA

Troco miúdo:
Pataca vintém.
Cruzado real
Acém vai-e-vem.

Plantei meu desejo
No pé de avenca.
Sombra e água fresca
No bolso aventa.

Meu dinheiro em penca
De tão bem cuidado.
Canta e sustenta
Faz refaz meu fado.

Fado e cuidado
Em penca o dinheiro.
Na avenca firmado
O louvaminheiro.

DISPERSÃO (1)

Quando abro o portão
Minha casa me dá a mão.
No varandado sóbrio e ameno
Ato uma rede de embalar
E nela deito sobre todo o nada
A natureza vem agradecer-me
Pelas árvores que bem plantei.

Lá vem um sabiá mavioso
Sobre si mesmo cantando.
Vem pedir-me que eu faça o refrão.
E isso me anima
E isso me destina o coração.

Ah! Lá vem uma borboleta
Panapanando seu colorido
Repleto de tantas cores
E se mistura com as flores
Remido bailado de cupido.

Lá vem uma tropa animada
Vem o soí
A pipira
O bem-te-vi...
E eu me sinto neles.

Vejo com meus olhos
Vejo com minha vista
Vejo com meu olhar.
O mundo é tão pequeno
Mas de nada adianta
Somente vê-lo por ver.
Não se vanglorie em ser sábio.
Reflita no sábio que você deve ser.
Minha casa são todas as casas do mundo.

DISPERSÃO (2)

Nas asas da Aurora
no sol da Vitória
sorrio de razão
sorrio de emoção.

No além do azul
no azul do além.

O céu é azul
a terra é azul
o mar é azul...

Além do além azul
azul do além além.
Azul da razão
da emoção azul.

Aflito
manto infinito.

DITO POR DITO

O pau oco do santo
Bem que levou o farelo.
A onça tem o amigo
A baiana roda o pinguelo.

Mas tudo acaba em pizza
Olê-olá da margherita.
Negra ovelha veste chita
Às pitangas chora a diaba.

Passarinho olha a foto
— Este cara não sou eu!
Não vou perder meu voto
Este cara já morreu!

Olha que o gongo te salvou
Bem na horinha do agá.
O expiatório do bode bolou
Na beira sem eira vai cochilar.

DIZEM QUE...

Tudo o que dizem não sei:
Máquina em face do Face.
Não é de mal. Bendirei
no que se propaga a seiva.

Dizem que fumo erva lárica
larício da sensação.
Na lírica literária
psico-ativo à criação.

Dizem que sou terremoto
delírio de ondas na terra.
E que nas letras foxtroto
busco o mar subindo a serra.

Tudo que dizem não sei:
Faço posts com ditame.
Letras jogo com fairplay
mesmo que seja um tsunami.

DO POEMA NADA ME RESTA

Do poema nada me resta
Minh'alma livre e liberta
inspira alguém de alguém
não sei quem do amor-lema.
Insisto
não desisto
das imagens do leitor.

Deixo a borboleta voar
na flor de flor em flor.

Um poema para o teu olhar
festa que se manifesta
nos acrósticos do tempo.
Nos arremessos da musa
nas palavras que a gente usa
nascidas na flor do vento.

DONA SILOCA

Este apelido corre mundo
América Ásia e África.
No Brasil já virou nome
veio da gente do Zimbabwe.

Uma aliança em cada Língua:
Silok Siloch Siloac
Silocka Sillocca Silock
a coisa só muda no sotaque.

Tem apelido exótico
estrambótico... laureado.
Cômico... carinhoso
ou mesmo abilolado.

Maroca caveira pipoca
cavalo-marinho ratinho.
Tucano arara chapoca
saca-rolha salário-mínimo.

Astronauta cochicho tic-tac
tripa palito periquito.
Pombo macaco girafa
arroz macarrão salsicha.

Drácula sarampo tição
sapinho meia-noite morcego.

Moringa bolo-pudim
semana-santa chamego.

Pinguelo escaravelho
Vara-pau frango-carijó.
calango chupa-chupa
piu-piu tico-tico cocoricó.

Caxinguelê carachué
mão-de-vaca três-nó.
Bic-bic guti-guti tiririca
sete-orelha pão-de-ló.

Tatu-bola garça pica-pau
tamuatá tralhoto mandií.
Tamaquaré piria pipira
papa-santo jurupari.

Siri-patola carandiru
coropó anum mucura.
Maneloca vento-leva
meia-foda peida-pura.

Boca-mole porongo piroca
bingulim picolé berimbau.
Rola cacete canudo
puta-que-pariu pirilau.

Maria-mole picolé salame
balão-mágico linguiça.

Tufa-tufa tintim yakisoba
bola-da-vez papa-preguiça.

Formiga-de-fogo bimbinha
espia-caminho maria-taoca
Titico-titica xerequeira
papa-arroz pororoca.

Acapu escorrega-bunda
pirulito pica-de-quati.
Sucupira macambira
perema caxixi jaboti...

Apelido é o que mais tem
de apanhado umbilical.
Siloca em consideração
este nome é sideral.

DRAMA

Na relva grama a ternura
no palco a insone ironia.
Drama da vida a volúpia
cérebro da dramaturgia.

Paisagem paisagem
o que de mais se diga
contígua a uma linha
que no fundo flutua.

Latente em constante decifrar
as paralelas anônimas
por entre as anêmonas do mar.

DUAS VIAS

No poema a poesia
tem duas vias:
uma que vai
outra que volta
em troca-troca.
Em contante
inconstância
vai além
volta aquém
em mão dupla.
Muda na mão do poeta
permanece na mão do vento.
Nisso entra o tempo
sem o Cronos do alento.
Aí o presente se faz perene
porque fica na mão do vento...
Rés-a-rés
a canção do vento
ressoa nos meus pés.

ELE-EU

> *"Não existe maior grandeza*
> *como é grande a Natureza."*
>
> *gnp*

A Mãe-do-Mar
veio me dizer:
— Olha Ele nunca existiu
mas é como se existisse.
Como Eu também não existo
a crença vem da crendice.

Seja lírico ou seja épico
cantos de encantar o mundo.
Encantada nas estrelas
moro perto de Netuno.

Ele e Eu somos um só
naturalmente imortais.
Vivos sob a luz do sol
desde tempos ancestrais.

O mundo vive no mundo
vamos à vela do mar.
Velada vista do vento
não sabemos avoar.

ELEGIA

O mundo
não quer ser triste.
Armada no coração
a mais poderosa arma.
Arma-se na comunhão
o que Cupido encarna.

Nem cego nem frecheiro
sem sortista nem Circe
brinco com as Camenas
na fonte das Águas de Vênus
Numa Diana Flora Ceres Egéria
na eterna primavera
todas de impoluta meiguice.

EMBIARA

A caça é do caçador
No rio no mar ou no mato.
Depende do seu pendor
E do sereno aparato.

Pode ser presa de anzol
Ou no pico de espingarda.
Conduz a nata de escol
No aturá já felizarda.

Se for o peixe pescado
Na cambada embiricica.
A fibra no pendurado
Como ramo de adocica.

Se for em luta de guerra
Em fazê-la prisioneira.
No bem-querer se encerra
Pendurada na fieira.

Se na gaiola engatilhada
Em prendê-la no alçapão.
Viva embiara alçada
No pulsar do coração.

EMBOLADO

Bole-bole na embolada
Na sonora rima-rema.
Resfolega na perema
Em canora bimbalhada.

Furufuru bolocobó
Albará matupiri.
Tuixiriri sonoró
Aguarapondá imbari.

Cacaracá jururu
Quiriri panacocó.
Tempo-será paruru
Iacaiacá solidó.

Zuruó caraminguá
Matupiri tia-vovó.
Piacururu chiripá
Piriquiti carombó.

Curupuruí bodó
Cumandá de jupati.
Jururá borogodó
Mamaiacu siriri.

Maçambará no tecó
Purupuru cacuri
Jipiapá brocotó
Gente-de-fora-vem-aí

EMBUANÇA

Bolinha de gode
Bolinha belindre
Bolinha de gude.

Aqui em Aba-eté
O papagaio
a cangula
a curica... Tudo cheila.
Em Belém tudo china.

Abicora isto no triângulo.
Que as bolinhas de vidro
Coloridas pintadinhas
Tec tec tec tec...
Aqui tecam noutra palavra.
Tudo é peteca
Teca teca teca teca...

Cada qual no seu quartel
Mas cheilar e chinar estão de mãos dadas:
— Cheila!!!
— China!!!
Ambas moram numa rua do além vernacular.

Não embuança tá?
Não embocela viu?

EME OU ENE

Antes de P e B
nas regras dos passos
se escreve M
com três pernas
ou quatro ou mais quem sabe!

O N perna-de-pau
que tem só duas pernas
virou garoto-propaganda.
Hoje tem espetáculo?!
Tem sim senhor!!
Ele anda nas ruas
e na prosódia do circo
no circo faz a prosa
com a ginástica dos gracejos
nasalizados.

O M centopeia
é mais andarilho
na arte-artrópoda
de andar aqui
cá e acolá...
por isto faz ammmmmmor articulado
em qualquer lugar.

ENECOEMA

Enecoema:
Diz Bom Dia!
Feito com alegria
na voz de um poema.

Ah! Que sabor de benjoim!
Vaga da noite expectorante.
Incenso vindo do camarim
levante de outro amante.

Enecoema! Enecoema!
Longe nasce o sol radiante.
Que o novo dia não seja panema
e que teu coração acalante.
Que apague a tua cicatriz
e te traga o aroma da alfazema.
Vis-a-vis uma Flor-de-Lis
para tua renovação: um novo poema.

ENGALANADO

Veste-se com gala
o adorno atavia.
Todo dia é dia de festa
todo dia é de alegria.

Engalana-se à razão
do querer-se animado.
Alindar-se de emoção
das estrelas iluminado.

Elegante que solene
vagam pompa ostentação.
Agalana-se galã
em vibrante vibração.

Galanteia o sedutor
com o móbile da rima.
E no manejo da esgrima
Flora a poesia do amor.

ENGASGA-GATO (1)

Tira-gosto de boteco
Leva mesmo a engasgar.
Cruz-credo que peteleco!
Croque croque a mastigar.

Paparicha ave-maria!
É de tirar o casquete.
Também se chama iguaria
Guloseima de vedete.

Petisco pitéu quitute
Com fibra de muquequete.
Que acepipe palustre!
Da coxinha e do croquete.

Nem do gato mata a fome
Vai pra retrete infernal.
E na terra do lobisomem
o cômico carnaval.

Tem todo tipo de espeque
frango carne camarão...
No meu tempo de moleque
Vinha o nome de colhão.

ENGASGA-GATO (2)

Pois sim! Pois não!
Mistério de língua virgem
bola-gato acrobata
jurupinga de Yayá
Januária se sacode
vem mulata no agá.

Cachaça meia-cara
tira-teima teimosa
cala-boca da birita
paixão pura e fogosa.

Caricato paletó sem gravata
guisado de carne dura
meia-porra de sexilavra
com pingado de bravura.

Pois sim! É bravata
mandioca da grossa
bem plantada na roça
nunca mais desengata.

Pois não! É espalhafato
caxiri de longo bico
antigo porta-retrato
da gata-gato mexerico.

ENTRETECER

Palavras nas entrelinhas
do tecido entreter.
Entremear alamares
nos mares do escrever.

O fio-lã de entremeio
armado como raízes.
No lugar bem marcado
nas cores do arco-íris.

Entramada a trama
cruzada nos entrançados.
A verve mais avança
nos laços entrelaçados.

E vai e sobe no inserido
desce e vai mais além
se entrepondo no tecido
entremeado se entretém.

E penetra bem mais fundo
tecendo no introduzido.
Uma voz que não se cala
inclusa no entretecido.

POEMAS AMAZÔNICOS

Pouco a pouco se encorpando
na panagem a armadura.
Zigzagueia meado poema
na linguagem tessitura.

SONETINHO DO ENFRESCAR

Fresco é peixe inda vivo
Por tanto recém-pescado
Em rede de malha crivo
A prover o sustentado.

Suco de fruta refresco
Pitoresco refrescar
Frutuoso e picaresco
Paraíso do frescar.

Não enfresca na parada
Não vale criar bulício
Aqui tudo é colorido.

Garapa com pão sem nada
Menos mal que o desperdício
Não enfresca o divertido.

ESCALAFOBÉTICO

Falta aprumo à elegância
um tremendo disparate.
Anomalia lunática
do insano malbarate.

Miragem que desvairada
por capricho do avejão.
Atarantado catacúmbio
terolero de bufão.

Arre-burrinho bombástico
de alambajada soberba.
Salta-pocinhas sem jeito
o pomposo se exacerba.

Perliquetete gongórico
astronômico e proceloso
com flama mirabolante
sacudido e tenebroso.

O minotauro espasmódico
é rude lerdo e sobejo.
É parvo como espantalho
de volúbil sacolejo.

Energúmeno e afetado
tem da loucura o furor.

Extrapola a travessura
turbinada no rancor.

Atarantado e febril
de embotada virulência.
Espevitado e grosseiro
na engonçada prepotência.

Mentecapto da razão
aboleimado e grosseiro.
Avoado e movediço
acavalado sendeiro.

Embotado no sestroso
alardeia a maquinação.
Esbanja além do limite
o vaidoso paspalhão.

Levidão estapafúrdia
tanto anfiguri quimérico.
Oh, que coisa que avoada
avoa pro estratosférico.

ESCOMBROS

Cauda invisível do homem
o dinheiro as drogas
e a danação do poder.

As tramas nas nuvens
nas trevas do absoluto.
Andam à bordo do ser
as veredas do mal.

Uma nau sem velas
enredada pelos sonhos
de mil a mil remeiros
animados por pouco intento.

O poder em todos os lugares
muita usura dessa vil intempérie.
Ondeia a espúria dimensão poluída
entre angústias e desesperanças
nos calendários do povo
sem a mínima arma de combate.

Sem as fontes do saber
o céu desastrado é um exílio sem bodas
na domesticidade visionária da percepção sem horizontes.
Dimensão adversa e evasiva
flor sem rebentos

fado e melindre
nos rostos malfadados.
E os tribunais de brinquedo
escombros da virtude
sem excelências.

ESCREVE!

Entre um poema e outro
de maré em maré
o remanso me diz: — Escreve!
— Pôxa! Acabei de vazar
Agora já vou encher novamente!
Assim muda o rio
No leito de mudanças.
O céu não é azul
O mar não é azul.

Teço no horizontino querer
O claro o escuro
O colorido dizer
De que o que é não o é.

A paisagem
Paira na paz
Do espelho que nada reflete.
Lá vem a reponta
No primeiro verso.
E ante o meu olhar sem crer
Remanseio antes de escrever.

ESCREVER

Escrevo um poema
depois desapareço.
Dilema e floema
coisa que começa
sem ter começo.

Vem a rima
que a lima lima.
Tintiolim
parece enzima
enigma
eco de bandolim.

Ritmo de cabriolé
cabriola dá pinote
tipo cunhantaim.
Não acaba meu dote
ao som do fagote
dança de pinguim.

Pra que tudo dê certo
ponho a Esfinge de Gizé.
Esse jeito de ser assim
levou-me ao virabrequim
na máquina do passa-pé.

ESCURIDÃO

Sepulcro da luz
o ataúde na tumba
jus no túmulo.
O sepulcro do defunto
na sepultura.
Uuuuuuu... psiu!
O vulto e o susto!!!

ESPAÇONAVE

Eco eterno da essência
no compasso do mistério.
O escrito nasce do espírito
céu quimérico do eterno.

Em sintaxe de alegorias
vulto e malícia do inferno.
Moro no beco do susto
me escondo no sempiterno.

O cometa cai no abismo
numa cena de cinema.
Passos e traços no peito
no espaço celeste arena.

As estrelas do prazer
são sonhos do navegar.
Alvor de viver no azul
espaçonave a vagar.

ESPANTA-COIÓ

Estouro vil assombroso
Desvario que trololó.
Estampido rancoroso
Corrupio no xopotó.

Que sororó sororó!
Atômico calafrio.
Explosão do tipió
Mirifica o desvario.

Pânico bomba estupor
Pirofobia tremelique
Da manticora o temor
Alvoroço de repique.

Paúra de assombração
Do fantasma zuruó.
Pavorosa aparição
Estala o espanta-coió.

ESPANTALHO

Semente ardente
e luminosa
astro no campo
o arroz gramínea
descobre no silêncio do verbo
os corais de passarinhos.
Oriza! Oriza! Oriza! Oriza!

O arroz sativa cultivado
ao pan-mundo se dispõe
na paciência do prado
à colheita o sazonado.
Da passarinhada a esperança
no levante a fome enfrenta
o espantalho.
Cego surdo e mudo
acena para o vento
em gestos desesperados
esses homens desfigurados.

Eis que chega o feitor
de alarme armado
beligerante e aterrador.
Poderoso o coitado
não sabe a Natureza
nada sabe do amor.

ESPELHO

Uma voz no ocaso
ecoou
no intervalo ocasional
do acaso
entre eu e o espelho.

Em tempo real
dentro e fora dele mesmo
o que vejo não sou eu.
O relógio marca-o em mim
sem interpor-se
sem importar-se
com a infinitude do finito.

Sou apenas um intervalo
sem espaço
no aço inoxidável.
Longe longe no fim do dia
o eco silencia.

ESPERANÇA

Quem pensa
basta entender
o traçado que o sol consente.

O que convém
não engana o sentido da esperança.
Quem espera por esperar
o tempo perdido
se perde noutro envido.

Quem espera nem sempre alcança.
Muda a flor quando lhe compete florir.
Corre o rio
à procura doutro porvir.
Canta e encanta o passarinho
faz o ninho da salvação.
Há muito desatino
no mundo apartado.
O homem na sombra
não faz o ninho pro coração.

ESPINHO

Espinho pinica
Pequeno traz ponta.
Risca a tiririca
Corta o faz-de-conta.

Deixa no ora-veja
Lá só vai-quem-quer.
Sirigaita almeja
O teu belveder.

Diacho sarapanta
À toa no emboléu
Caninga é fiel
Anda na maranha.

Cuidado com mel
De cana caiana.
Quiriri tem fel
Mereré na manha.

Quiri-quiri
Cuiú-cuiú
Cri-cri cri-cri
Anu-anu.

ESPÍRITO DE PORCO

Puxa o rabo do porco
que o porco vai pra frente.
Incontinente.
Puxa a orelha do porco
que o porco vai pra trás.
Contumaz.

De espírito burocrático
o porco é muito ranzinza.
Não engata ou desengata
tanto faz é indistinto.

De paletó e gravata
bagunceiro e vigarista.
Maldoso prega a discórdia
absoluto e fascista.

Ao mundo todo é do contra
teima que teima o varrasco.
Visível mais invisível
asqueroso vive do asco.

Lama é trono do varrão
do pretenso autodidata.
Tudo entende e nada sabe
deputa ser democrata.

POEMAS AMAZÓNICOS

Banha-se o porco na lama
e se pensa que está limpo.
De inconveniente façanha
no palacete de Olimpo.

Porcino da confusão
é descarado e procaz.
Em tudo mete o bedelho
com ares de satanás.

O porco é sempre enrolão
branco ou preto malversado.
É por isso que ele tem
o pica-puta enrolado.

ESPÍRITO SANTO DE ORELHA

Porque torna
porque deixa...
Não te queixes do feiticeiro
que se escondeu no reposteiro!

Este Espírito Santo emigra
da fermentação do vinho.
Respira fundo
sem intriga.
São Bernadino de Siena
ficou inspirado depois de uma baita golada
bem dada de vinho doce suave.
Orelha tem de todo jeito:
Orelha paquidérmica de elefante
orelha primata de macaco
orelha asinina de asno
orelha hematófaga de morcego
orelha... do povo.

A tua orelha é livre e animada.
Saúda o espírito volátil do Vinho Doce.
Aquele sopro murmurante ao teu ouvido
não evola dica de nada.
Não aceites pitecos!
Quase todos são malfadados.
Intervenções escabrosas sem virtudes...

POEMAS AMAZÔNICOS

Segue a tua intuição!
O resto é só fomento fofoqueiro
desavergonhadamente partidário.

ESSE VENTO QUE VEM NO VENTO

Esse vento que vem no vento
a ondear o rio-mar
a pandear a vela náutica
à epifania dos arautos.

A encantar a gaivota
maestrina patriota.
Senda
e comenda
de um amplexo revelado
no vigor da bandeira proclamado.
Amor além da simples parceria
na cor da palavra elegia.

Estigma do aventurado beijo
nos rumos da fantasia.
Em equinócios e solstícios
da eterna poesia.

ESTELAR

Estrelas do alto estelar
em justos almejos
de trocar desejos
com as estrelas-do-mar.

São duas estrelas brilhantes
estrela da manhã
estrela do ademã
estrelas alucinantes.

Mar e céu no céu do mar
cintilado amor
de luz e calor
céu e mar a navegar.

O céu nas ondas do ser
ondulado amante
o céu navegante
o mar em brado a tecer:

Estrelas que vêm do céu
estrelas que vêm do mar.
Povoar a lua de mel
com mais banho de luar.

ESTELIONATO

Lagarto que muda a cor
prepara nova artimanha.
Camufla-se para o golpe
em fraudulenta façanha.

De verde azul amarelo...
arpoa o sujeito incauto.
Vítima do vil delito
pregoado pelo arauto.

Pulula o tão pregoeiro
recorre ao dito sagrado.
Usa a lábia e convence
para burlar o coitado.

Vende a nuvem vende o céu
vende a cura o ser feliz.
Ao subjugo mental
tudo serve de chamariz.

Traz a malícia na pele
todo bicho furta-cor.
Traz o doloso na língua
e nas asas do condor.

ESTILOSO

Dois passarinhos de estilo
da seiva que foi à flor.
Contentes à luz do sol
em duas folhinhas de amor.

Fotossintético amar
no ramo da eternidade.
Em alado voo celeste
ao céu da imortalidade.

Assim vive a Natureza
nunca perece ao fanar.
Desdobra-se noutra face
morta vive por amar.

Dois passarinhos de estilo
folhinhas a farfalhar.
No estilo dos passarinhos
vivem no céu a cantar.

ESTRELA AZUL

Vi uma estrela azul
com passaporte infinito
e seu brilho a iluminar
as alvenarias da terra.

Os viveiros dos passarinhos
os planos e as escarpas do vale.
Rios e velas
as praias do mar.
Os pintores
os escultores
os escritores...
Os ventos as montanhas
e o roncar grave ondeante
e macilento
de um carro de boi
puxado pelo vento.

ESTRELA DA MANHÃ

A estrela da manhã
alba
passou a noite em claro.
Amparo vigilante
da longa rota espacial
espectro.
Agora vai dormir.
Abro as janelas do meu quarto
disponho a cama bem confortável
para o pousio.
Mas ela prefere ficar no jardim ao lado
deitada sobre as flores do girassol.
Fenômeno celeste
do seu destino de ser d'alva
finamente dama amorável.

ESTRELA SPICA

No éter sidéreo do céu
Centelhas no lume-luz.
Tira a roupa tira o véu
A virgem que mais seduz.

Sagrada estrela Spica
Pulsa impulsa o coração.
Semeia a sorte e fornica
Na mágica da paixão.

Na colheita do destino
Sempre renasce na flor.
Vejo-a no alto figurino
O carismático amor.

Do mais brilhante saber
Beleza e sabedoria
Serei Marte com alegria
Nesse folguedo do ser.

ESTRELADO

A luz é lúdica
de aurora em aurora.
Eridani irmã do sol
máquina do tempo e do olhar
essência magnética do Rio Divino.

Zaniah virgem de Virgo
encanta o canto do amor.
A Deusa mais feminina
alado sexo da flor.

Sabik chega primeiro
não deixa nenhuma brecha.
E traz no peito arco-e-flecha
em amarelo luzeiro.

Nashira guia do amor
traz notícias de esperanças.
Guia dos rumos fantásticos
celestes aventuranças.

Adhara virgem donzela
bela nobreza azulada.
Rebrilha em claro brilhante
no poético constelada.

Maia brilha em veste azul
na névoa da escuridão.
Em tênue vista do olhar
mostra os rumos da ilusão.

Mérope esconde o rosto
guarda a esfinge do mistério.
De bodas com um mortal
espectra outro hemisfério.

Meíssa de cor azul
vem salvar a natureza.
No lance relance bélico
o caçador da realeza.

O cisne branco abre as asas
com muito estilo e feitio.
Giennah voa soberana
alça longe o fim do rio.

Ao cavalo branco alado
frente à luz luzes concretas.
Enid desfecha as alas
inspiradora dos poetas.

Suhail desfralda a vela
Argo velame o navio.
Diligente vem o sol
também chego ao fim do rio.

ESTROGONOFE

Vperiod! Vamos avante!
com a iguaria do Conde
Diplomata Stroganoff.
Ele ganhou a galáxia
por tanto comer guisado.
'Strogat' cortado em pedaços
carne bovina nos enlaços.

A terra é bonita
enfeitada de azul.
Yuri Gagarin astronautificou
o passe-partout de véu
do estrogonofe na estrofe do céu.

Wladimir Lenin
no virabrequim.
"Salvo o poder
tudo é ilusão."
O estrogonofe
se move no coração.
O mundo é insensato
"Os fatos são teimosos."
Acendeu o 'Centelha'
e prometeu Pão Paz e Terra
também o estrogonofe.
"A paz: uma trégua para a guerra."

Joseph Stalin
no tamborim.
"A cabeça fria o coração quente."
Estrogonofe em dia
pro homem valente.
"Os escritores são engenheiros da alma."
E tudo se acalma
no mundo zodiacal.
Somente: "Apenas o povo é imortal."

Nikita Khruschov
no Discurso Secreto
comeu estrogonofe:
"Fiquei de boca fechada."
Depois veio o estopim
que se locomove com espadim.

Vperiod!
Molho de tomate
creme de leite
mostarda
bacon...
A filosofia filosofa
com Gagarin
Lenin
Stalin
Khruschov
General Zhukov
Bomba Molotov
Estrogonofe.

ETA CARINA

Um grito
psico-íntimo ecoou
celeremente no peito ressonante.
— É uma ordem!
A vida é bela
aberta para ser bem vivida.
Há uma grande estrela soberba do dia
e infindas estrelas sagazes da noite.
Não há escuridão totalizante
para entorpecer a vontade de ser.

— É uma ordem! Deves escolher uma estrela!

Escolhi a soberana Estrela Eta Carina
do ArgoNavis para conferir mais estabilidade
ao meu navio de viagem.
É no íntimo de todas as coisas que viajamos
para um mundo mais amável.
Delta-vela de um pássaro voador...
Zeta-popa do que fica para trás
sem mágoa e sem rancor.

Termiteiro de calor
carapaça do viver.
Castelo de muito amor
colônia do bem querer.